Hödl / Kaufmann / Ruppert / Schaeffler / Schneider

Das Heil und die Utopien

Ludwig Hödl / Gisbert Kaufmann
Lothar Ruppert / Richard Schaeffler
Gerhard Schneider

Das Heil und die Utopien

Eine Orientierungshilfe für die Praxis

1977

FERDINAND SCHÖNINGH · PADERBORN

Schriften zur Pädagogik und Katechetik
Band 28
Herausgegeben von Theoderich Kampmann und Rudolf Padberg

Gesamtherstellung Ferdinand Schöningh.

ISBN 3-506-78178-2

INHALTSVERZEICHNIS

VORWORT

Die Botschaft von der christlichen Hoffnung sieht sich in jüngster Zeit mit jenen Utopien konfrontiert, die im Umkreis unserer zweiten Aufklärung als säkularisierte theologische oder gesellschaftliche Zukunftsvisionen ein neues „Heil" versprechen und herbeiführen wollen.
Die Beiträge dieses Bandes wollen über moderne Heilsvorstellungen orientieren und der Auseinandersetzung mit ihnen dienen (Richard Schaeffler), die christliche Heilsbotschaft biblisch (Lothar Ruppert – Gerhard Schneider) und systematisch (Ludwig Hödl) im Blick auf das heutige Denken entfalten.
Die Herausforderung der Christen durch ein Denkmodell unserer Epoche wird hier als Anfrage verstanden, die zusammen mit ihrem geschichtlichen Hintergrund kritisch zu analysieren ist, um dann eine umfassende theologische Antwort zu finden.
Eine Einführung in die Intention des Bochumer Kontaktstudiums und die in diesem Band der Öffentlichkeit vorgestellte Thematik und Arbeitsweise bietet Gisbert Kaufmann in seinem Nachwort.
Ein fundamenttheologischer Beitrag konnte leider nicht mehr redaktionell überarbeitet werden, weil ihr Autor sich durch die Übernahme des Dekanats überlastet sah.

Die Herausgeber

Die Autoren dieses Bandes lehren in der Abteilung für
Katholische Theologie der Ruhr-Universität Bochum

Dr. theol. Ludwig Hödl ist o. Professor für Dogmatik

Dr. phil. Gisbert Kaufmann ist Studienprofessor im
Fachbereich Religionspädagogik

Dr. theol. Lothar Ruppert ist o. Professor für Altes Testament

Dr. phil. Richard Schaeffler ist o. Professor für
Philosophisch-Theologische Grenzfragen

Dr. theol. Gerhard Schneider ist o. Professor für Neues Testament

RICHARD SCHAEFFLER

Der utopische Gedanke und die christliche Heilserwartung

Überblick

Vorbemerkungen zum Thema

a. Statt einer Einleitung

Anstelle einer Einleitung sei es gestattet, einen kurzen Text zur Kenntnis zu geben.

„Daß ein Fluß zufrieren kann, ist möglich, bedingt möglich, oder daß die Pflanzen empfinden können, ist hypothetisch bedingt möglich, unter Voraussetzung gewisser noch nicht bestätigter Vordersätze, oder daß es Wüstengeister geben kann, ist problematisch bedingt möglich, unter Voraussetzung noch unbekannter Vordersätze, vielleicht gänzlich außerhalb des Umkreises gegenwärtiger Erfahrbarkeit überhaupt. Aber daß wir selig werden, daß es das Himmelreich geben kann, [. . .] das ist nicht nur denkbar, d. h. formal möglich, sondern schlechterdings notwendig, weit entfernt von allen formalen oder realen Belegen, Beweisen, Erlaubnissen, Prämissen seines Daseins, aus der Natur der Sache a priori postuliert und demnach auch von utopischer, intensiver Neigung genau gegebener, essentieller Realität".

Dieser Text bezeugt ohne Zweifel eine Gewißheit kommenden Heils und damit die Unbeirrbarkeit einer Hoffnung. Ebenso unbezweifelbar ist, daß dieses Zeugnis der Hoffnung mit Elementen der biblischen Sprache formuliert wird („. . . daß wir selig werden, daß es das Himmelreich geben kann"). Und wenn nicht gegen Ende des Zitates die Vokabel „utopisch" verwendet worden wäre, so würde der Leser gewiß vermuten, es handle sich um einen Text, der die christliche Heilserwartung aussprechen will. Wird überdies gesagt, die Realität des Erhofften folge „aus der Natur der Sache", sei eine „essentielle" (aus dem Wesen resultierende) Realität, so erinnert dies an jene Argumente, welche die Realität Gottes aus seiner „Natur" bzw. „Essenz" ableiten wollen. Nur die Vokabel „utopisch" verrät, daß es sich um einen Text anderer Art handelt. Er stammt aus Ernst Blochs Schrift „Geist der Utopie" (GdU Urfassung = Gesammelte Werke, Bd. 16, 443 f.).

Die Differenz freilich, durch welche Blochs utopische Hoffnung sich von der christlichen Heilserwartung unterscheidet, wäre deutlicher geworden, wenn im Zitat nicht ein Halbsatz übersprungen worden wäre, der nun sogleich nachgetragen sei: „Daß wir selig werden, daß es das Himmelreich geben kann, *daß sich der evident eingesehene Trauminhalt der menschlichen Seele auch setzt,* das ist nicht nur denkbar, sondern schlechterdings notwendig [. . .]" (ibid.). Das Bekenntnis der Gewißheit kommenden Heils, das mit Elementen biblischer Sprache ausgesagt wird, wird hier zugleich gedeutet als das Zutrauen in die Selbstrealisation eines Traumes. Dieser Traum bedarf keiner Garantie, weder durch logische Prämissen noch durch eine Realität, die zuvor bestehen und bekannt sein müßte, schon gar nicht durch die Realität eines Gottes, der uns die Erfüllung dieses Traumes verspräche. Die Hoffnung selber stiftet die Realität, auf die sie sich ausspannt. Und wenn dann überhaupt noch von Gott die Rede ist (und bei Bloch ist von Gott die Rede!), dann wird diese Vokabel zur Bezeichnung für die wirklichkeitsstiftende Kraft der Hoffnung selbst.

Ein zweiter Textabschnitt aus dem gleichen Buche sei zur Erläuterung angefügt; er findet sich auf der letzten Seite des gesamten Werkes.

„Wir schreiten, indem wir das Leid und die Sehnsucht denken, in unseren inneren Spiegel hinein. Wir verschwinden in der kleinen gemalten Tür des fabelhaften Palastes und werden nicht mehr gesehen, weder in dieser noch in jener Welt [. . .] und in Explosion fliegt auf das Draußen, in den Weg Gestelltes [. . .] alles, was nicht von uns, [. . .] von unserer himmlischen Herrlichkeit ist oder sie gar behindert, indes drinnen [. . .] diese ganze weite und scheinbar so sehr reale Welt dereinst nur selber wie ein Bild unschädlicher Erinnerung an den Wänden hängt“ (GdU 2. Aufl. = WW Bd. 3,344). [Anstelle des Satzteiles „und werden nicht mehr gesehen . . .“ enthält die Urfassung den Zusatz „den Messias zu suchen“ (GdU Urfassung 444)].

Ein so bilderreich formulierter Text bedarf wohl einer gewissen Erläuterung. Er spielt an auf eine chinesische Fabel. Dort ist von einem Maler die Rede, der ein Bild gemalt hat. In der realen Welt also hängt ein Bild an der Wand, das eine künstlerisch entworfene Wirklichkeit darstellt. Die Darstellung zeigt einen Innenraum, das Zimmer eines Palastes, und dieses Zimmer hat eine Türe. Der Raum ist so gut gemalt, daß er betretbar erscheint. Schließlich aber tritt der Maler wirklich in den gemalten Raum ein und verschwindet durch die gemalte Tür. Diese Fabel, die zunächst nur die Meisterschaft eines Malers zeigen soll, dessen gemalter Raum so real ist wie die Räume der realen Welt, wird von Bloch nun benutzt, um einen anderen Sachverhalt zu beschreiben. Wir Menschen treten in einen Wirklichkeitsraum ein, den es nur gibt, weil wir ihn schöpferisch, künstlerisch entworfen haben. Wir treten in diesen Raum ein, durchschreiten ihn, und damit verlassen wir den Raum der gewohnten, als real geltenden Welt; hinter uns schließt sich eine Tür, die es nur gibt, weil wir sie entworfen haben, die uns aber, wenn wir sie durchschritten haben, endgültig von dieser, der „ganzen weiten und scheinbar so realen Welt“ trennt. Indem wir so eintreten in den Innenraum unserer schöpferischen Phantasie, ist damit die Außenwelt, die scheinbar so reale, so sehr überwunden, daß sie zunächst „in Explosion auffliegt“, sodann aber nur noch den Charakter einer „unschädlichen Erinnerung“ hat, die nunmehr ihrerseits wie ein Bild an den Wänden des neuen Raumes hängt, in dem wir jetzt leben.

Sie kann uns nichts mehr anhaben; wir schauen auf sie zurück als etwas, das es nur noch in unserem Bewußtsein gibt – während es doch zuvor den Anschein hatte, als gebe es die entworfene Welt nur in unserem Bewußtsein, und die alltägliche Erfahrungswelt sei die reale. Die Sphären des Vorgestellten und des Realen haben sich miteinander vertauscht. Der geträumte Raum, in den wir hineinschreiten, ist der wahre; und der scheinbar reale Raum, in dem wir bisher alltäglich lebten, ist der irreale, nur vorgestellte.
Die Anspielung auf die chinesische Fabel bildet den Schluß des Buches „Geist der Utopie" und ist der angemessene Ausdruck für die Sache, die in diesem Buch verhandelt wird. Denn das Buch beschreibt den „Weg hinein" in unsere innere Gewißheit als den „Weg hinaus" aus dieser Welt der scheinbar so realen Fakten, die unsere „himmlische Herrlichkeit" behindern, und zugleich als den „Weg hinüber" in eine kommende Welt, die keinen anderen Realgrund hat als unsere Hoffnung selbst.
Hoffnung, wie sie hier verstanden wird, ist allein der Boden der trägt. Hoffnung ist zugleich allein die Öffnung unserer Augen für das, was wirklicher ist als alle feststellbaren Weltsachverhalte, die wir in der Wissenschaft erkennen und erklären und in der Erfahrung des Alltags so schmerzlich empfinden. Wir schreiten in den „Palast" hinein, „indem wir das Leid und die Sehnsucht denken".

b. Theologische Parallelen

Hoffnung als der Boden, der trägt; ihre Gewißheit als Öffnung der Augen für dasjenige, was wirklicher ist als alle feststellbaren Weltsachverhalte: solcherlei Aussagen klingen dem christlichen Theologen vertraut. „Es ist aber der Glaube ein Standnehmen in dem, worauf man hofft, und ein Überführtwerden von Tatsachen, die man nicht sieht" (Hebr. 11,1). Auch für den Christen gilt: Der Boden, auf dem er standnimmt, ist nicht der Boden dieser tatsächlich vorfindbaren Gegenwart; er nimmt Stand in dem, worauf er hofft. Nur die Hoffnung stellt den Boden bereit, der trägt. Und der gleiche hoffende Glaube überführt uns dessen, daß die scheinbar so reale Welt mit all den Anstößigkeiten und Widrigkeiten, an denen wir uns wundstoßen, nicht alles ist,

daß es vielmehr und weit darüber hinaus das gibt, was „Tatsachen, die man nicht sieht" genannt werden kann. Blochs Rede über die Hoffnung, Blochs Schilderung der Gewißheit des Heils macht also nicht nur von vereinzelten Elementen christlich geprägter Sprache Gebrauch. Vielmehr erinnert der utopische Gedanke auch hinsichtlich eines wesentlichen Inhaltes an das, was biblisch Glauben genannt wird. Nicht die Erfahrung der gegenwärtigen Lebensbedingungen, sondern die Hoffnung auf eine kommende Welt ist der Boden, der trägt. Und der Blick, der sich der erhofften Zukunft öffnet, wird einer Wirklichkeit gewahr, die „tatsächlicher" ist als alle gegenwärtigen Forschungsergebnisse und Alltagserfahrungen.
Insofern bildet der utopische Gedanke in jener Fassung, die Bloch ihm gegeben hat, eine Anfrage an die Christen, auf welche Weise sie ihrerseits ihr Standnehmen in der Hoffnung, ihr Überführtwerden von ungesehenen Tatsachen begreifen wollen. Und der gegenwärtige theologische Diskussionsstand kommt, soweit ich ihn überblicke, einem Dialog mit den Vertretern der utopischen Hoffnung entgegen. Nur einige Merkmale dieses Diskussionsstandes seien in Erinnerung gerufen, die in diesem Zusammenhang belangvoll zu sein scheinen.

c. Zur theologischen Diskussion um die Hoffnung

Traditionell wird die Hoffnung behandelt als eine der drei „göttlichen Tugenden" neben dem Glauben und der Liebe, d. h. als eine derjenigen Haltungen, zu denen wir Menschen von uns her nicht fähig sind, sondern die uns geschenkt werden müssen als gratia gratis data. Gelegentlich wurde davon gesprochen, die Hoffnung erscheine als die kleine und ein wenig unterentwickelte Schwester zwischen den zwei großen und starken, von der Theologie zu jeder Zeit intensiv beachteten Tugenden des Glaubens und der Liebe. Der neuere theologische Diskussionsstand scheint mir in dieser Hinsicht dadurch ausgezeichnet zu sein, daß die Hoffnung nicht mehr als eine Tugend *neben* dem Glauben und der Liebe begriffen wird, sondern als ein konstitutives Moment im Glauben und in der Liebe selbst. Der soeben zitierte Satz aus dem Hebräerbrief beschreibt die Hoffnung nicht als eine

Folge des Glaubens, etwa als eine Heilsprognose, die sich aus der Glaubensgewißheit ergibt. *Der Glaube selber* ist ein „Standnehmen in dem, worauf man hofft".
Hoffnung ist aber auch konstitutiv für die Liebe, weil Liebe es auf Praxis abgesehen hat, und weil die besondere Praxis der Liebe eine Realität des individuellen und gesellschaftlichen Lebens vorwegnimmt, die „heute" noch gar nicht besteht. Wir leben noch gar nicht in einer Welt, die so wäre, daß sie die reine Liebe gestattete; wir leben in einer Welt, die unvermeidlich durch Kampf und Durchsetzungsnotwendigkeit geprägt ist. Praxis der Liebe ist immer antizipierende Praxis, die eine kommende Welt vorwegnimmt, in welcher das Mißtrauen, der Haß, die Notwendigkeit kämpferischer Durchsetzung und derlei mehr ausgetilgt sein werden. Hoffnung also ist ein konstitutives Moment im Glauben und in der Liebe selbst, nicht eine Tugend neben diesen beiden. Sie ist, wie man dies neuerdings gelegentlich ausdrückt, ein „strukturgebendes Prinzip" allen Glaubens und aller Liebe. (Die Dissertation von Ferdinand Kerstien, eines Schülers von Metz, bringt diesen Gedanken schon im Titel zum Ausdruck: „Die Hoffnungsstruktur des Glaubens").
In einer weiteren Hinsicht kommt die gegenwärtige theologische Diskussion einem Dialog mit dem utopischen Gedanken Blochs entgegen. Gewiß wird nicht bestritten, was in der Vergangenheit beinahe ausschließlich beachtet wurde, daß nämlich die Hoffnung sich auf „mein" Heil richtet, daß sie die Frage beantwortet: „Wer wird in das Himmelreich eingehen? " – mit dem Unterton: „Bin ich es, der ins Himmelreich kommen wird? ". Aber eine verstärkte Aufmerksamkeit hat sich neuerdings darauf gerichtet, daß die Bibel eine gemeinschaftliche Zukunft zum Inhalt der Hoffnung macht. Dies zeigt sich u. a. in der Rede vom „Reich Gottes" und vom „himmlischen Jerusalem". Denn wer vom „Reich" spricht, aber auch wer von einer „Stadt" spricht, der hat immer auch von einer Gemeinsamkeit, von einem Sozialverband gesprochen. Wir beten „dein Reich komme". Und wenn die lateinische Fassung dieser Bitte lautet „adveniat regnum tuum", so kann gefragt werden, ob diese sprachliche Fassung der Heilserwartung, die sie ausdrücken soll, voll entspricht. Denn es geht nicht nur darum, daß etwas räumlich

schon Vorhandenes herbeikomme, sondern daß etwas Zukünftiges sich verwirkliche. Dieses Zukünftige aber ist Reich, ist Stadt, ist Gemeinsamkeit. Ja es ist nicht nur als sozialgemeinsame Zukunft beschrieben, sondern wird in gewissen biblischen Aussagen als eine kosmisch allumfassende Zukunft geschildert, als „neuer Himmel und neue Erde". Und vor diesem neuen Himmel und dieser neuen Erde wird „diese Welt" gleichsam „in Explosion auffliegen". Aus solcher Hoffnung heraus kann gebetet werden „es vergehe diese Welt; und es komme dein Reich".
Und noch ein drittes Merkmal ist hier zu nennen. Das Standnehmen des Glaubens in dem, worauf man hofft, macht uns zu den Bürgern eines anderen Sozialverbandes, nicht dieses hiesigen, sondern dessen, der kommt. „Unsere Bürgergemeinde aber ist im Himmel" (Phil 3,20). Solche Hoffnung vermittelt dem Christen eine kritische Distanz zu „dieser Weltzeit", zu „diesem Äon". Und auch darin ist die Reflexion auf christliche Hoffnung dem utopischen Gedanken verwandt.

d. Auffallende Gemeinsamkeiten und das Problem ihrer Deutung

Die Theologie der Hoffnung, wie sie in jüngerer Zeit ausgeformt worden ist, bringt also ein Verständnis der christlichen Heilserwartung zum Ausdruck, das mit dem „utopischen Gedanken" wesentliche Züge gemeinsam hat: Hoffnung ist nicht nur eine Tugend „neben" dem Glauben und der Liebe, sondern ein „Strukturmoment" des Glaubens selbst; sie richtet sich nicht nur auf das individuelle Heil, sondern hat eine gemeinschaftliche Zukunft, ja eine allumfassend-kosmische Zukunft zu ihrem Inhalt; sie verweist den Christen als „Bürger des kommenden Reichs" in eine kritische Distanz zu dieser Weltzeit. Nicht nur eine Anpassung an den Sprachgebrauch der philosophischen Utopik, sondern der Eigengehalt der christlichen Heilsverkündigung verweist so den Glaubenden auf ein Heil und einen Heilbringer, der in „dieser Welt" immer wieder „keine Stelle findet" („ou topon echei"). Und nicht nur das Bedürfnis, von biblischen Sprachelementen Gebrauch zu machen, verweist die Vertreter des „utopischen Gedankens" immer wieder auf den Bericht von jenem Bringer des Heils, für den „in der Herberge keine Stelle" („ou topos") gewesen ist (Lk 2,7).

Solche Gemeinsamkeit wirft die Frage auf, wie der utopische Gedanke sich zur christlichen Hoffnung verhalte: als Produkt einer „Säkularisierung", also eines Abstreifens der spezifisch religiösen Momente unter Beibehaltung des Absolutheitsanspruchs? Als neue „Religion ohne Gott", die das „Erbe" der christlichen Überlieferung antreten möchte? (Vgl. die von Moltmann herausgegebene Sammlung Blochscher Texte „Religion im Erbe"). Oder als Angebot an die Christen, ihre eigene Heilshoffnung neu und besser zu verstehen? Und wenn es sich um ein solches Angebot neuen Selbstverständnisses der christlichen Botschaft handeln sollte, dann wird man fragen müssen, ob auf diese Weise ein angemessenes oder ein verfälschendes Verständnis christlichen Glaubens und Hoffens zustandekomme – in traditioneller Terminologie gesprochen: ob die so zustandekommende Interpretation rechtgläubig oder häretisch werde.

Erster Teil: Die Hoffnungs-Struktur der Religion – ein religionshistorischer Rückblick

Es ist kein Spezifikum des biblischen (jüdisch-christlichen) Glaubens, daß die Hoffnung zu seinen „Struktur-Momenten“ gehört. Hoffnung gehört konstitutiv zu der Weise, wie religiös gesprochen und gehandelt wird. Das soll am Beispiel mythischen Redens und kultischen Handelns aufgewiesen werden. Aber auch die besondere Gestalt der Hoffnung auf eine „kommende Welt“, die in einem Gegensatz zu „dieser Weltzeit“ steht, ist keine unterscheidende Eigentümlichkeit biblischen Glaubens. Die Rede vom Gegensatz der „zwei Weltalter“ ist im Verlauf einer religionshistorischen Entwicklung entstanden, an der der biblische Glaube zwar Anteil hatte, die aber nicht ihn allein betraf. Das wird am Beispiel der Entstehung biblischer Apokalyptik zu zeigen sein.

1. Die Hoffnung als Strukturmoment mythischen Sprechens und kultischen Handelns

Mythen reden von Anfängen. (Sehr zutreffend hat schon Platon die Funktion der Mythen überhaupt beschrieben, indem er sie als „Archaiologien“, als Reden von den Anfängen bestimmte). Aber Mythen reden von solchen Anfängen nicht, um etwas zu erzählen, was längst dahin ist. Sie reden von den Anfängen, um die fortdauernde Gegenwart dessen zu bezeugen, was von den Göttern her im Anfang geschah. Die Anamnese, die Erinnerungsrede des Mythos, ist deshalb immer zugleich Ansage einer neuen Wiederkehr des Anfangs und damit Zusage eines Neuanfangs mitten in der Zeit.

Der Kultus ist ein Gefüge von Vergegenwärtigungszeichen („signa repraesentativa“). Er will die Stunde des Festes heraufführen, in der das, was im Anfang geschah, was der Mythos erinnernd in die Gegenwart ruft, noch einmal Gegenwart wird. So werden die Menschen als kultfeiernde Gemeinde noch einmal in die Entscheidung des Anfangs gestellt. Wo der Anfang wiederkehrt, wo die Welt oder ein bestimmter Weltbereich (z. B. die Fruchtbarkeit des Ackers, aber auch die Existenz eines Volkes, eines Stammes, einer Stadt) sozusagen noch einmal von vorne entsteht, da ist alles noch einmal offen, da ist alles möglich. Deshalb bezeugen viele mythisch-kultischen Texte, daß die Feiernden in Furcht und Schrecken erzittern; sie bangen darum, ob die Weltgründung noch einmal gelingt, ob die Sonne noch einmal am Himmel aufgehen, der Regen noch einmal fallen, die Gerechtigkeitsordnung der Gesellschaft noch einmal neu errichtet werden kann. Die Gegenwart des Anfangs ist zugleich die Stunde der offenen Entscheidung. (Vgl. dazu den Zusammenhang zwischen der von Augustus kultisch begangenen „Säkularfeier" und der augusteischen Neugestaltung des römischen Gemeinwesens).

Bildwort des Mythos, Bildhandlung des Kultus, schließlich auch die Bildgestalt des Kultbildes rufen den Anfang noch einmal zu gründender Wirksamkeit herbei. Sie bezeichnen so die Unerschöpflichkeit des gottgesetzten Ursprungs, der immer neu wiederkehrend die Welt immer wieder neu zu machen vermag. Damit aber bezeugen sie zugleich die konstitutive Vorläufigkeit der jeweiligen Weltgestalt. Denn die Wiederkehr des Ursprungs verleiht jedesmal auch der Welt ein neues Gesicht. So ist der mythisch-kultisch gedeutete und gegliederte Weltprozeß der reale Vorgang, in welchem sich erst herausstellt, was alles an Schöpferkraft in den Anfang hineingelegt worden war, und die Geschichte erweist sich als real sich vollziehende Auslegung des Ursprungs.

Der Mensch aber, der die mythische Erinnerung ausspricht und das kultische Zeichen setzt, ist dadurch der Platzhalter des Göttlichen in der Welt; er ist derjenige, der mitten in dieser Welt die Raum-Zeit-Stelle offenhält, an der und in die hinein das Göttliche ankommen kann, um die Welt noch einmal neu zu machen. Der Mensch ist eben dadurch auch derjenige, der die bestehende Welt für ihre Neugestaltung offenhält. Indem er Erinnerung ausspricht und kultische Erneuerung begeht, ist er zugleich Platzhalter der Zukunft in einer vorläufigen Welt.

Es ist an dieser Stelle selbstverständlich unmöglich, die soeben gegebene Charakterisierung von Mythos und Kultus an Beispielen zu bewähren und religionsphänomenologisch auszuweisen. Aber es ist nötig, aus dieser knappen Schilderung die Folgerungen zu ziehen, die das Thema „Utopische Hoffnung“ betreffen. Dabei ist daran zu erinnern, daß „Utopie“ wörtlich übersetzt zunächst „Ortlosigkeit“ heißt. Utopische Rede spricht von dem, was „ou topon echei“, was keine Stelle hat. Das Göttliche nun, wie es mythisch erinnert und kultisch repräsentiert wird, ist insofern „ortlos in dieser Welt“, als mythische Erinnerung und kultische Vergegenwärtigung die Abwesenheit des Göttlichen voraussetzen. Erinnerung ist nötig, weil man die göttlichen Ursprünge vergessen kann; Vergegenwärtigung ist nötig, weil die Gegenwart dieser Ursprünge nur als Wiederkehr sich ereignet, nicht als selbstverständliche Präsenz gegeben ist. So ist die Abwesenheit der Götter vorausgesetzt, wenn die Aufgabe entsteht, sie je ereignishaft im Sprechen des Wortes und im kultischen Handeln neu und erneuernd ankommen zu lassen.

Insofern haftet den Göttern selbst etwas Utopisches, „in dieser Welt keinen Platz Findendes“ an; und nicht zufällig enden die mythischen Berichte von den Anfängen häufig mit der Erzählung vom „Abschied der Götter“ aus der Welt der Menschen bzw. von der Vertreibung der Menschen aus dem Raum der Götter. Nun leben die Götter an einem überhimmlischen, d. h. in dieser Welt keine Stelle findenden Ort. (Dabei ist es gleichgültig, ob man sich diesen Ort oben auf der Himmelskuppel vorstellt oder auf einem für die Menschen unzugänglichen Berg, wie dem Olymp, oder auf den Inseln der Seligen, die an unbekannten Stellen jenseits des Meeres liegen). Utopisch im engeren Sinne des Wortes aber ist die Hoffnung der Menschen, an jene göttlichen Orte entrückt zu werden, an denen die Götter wohnen. Berichte von jenen Erwählten, denen solches zuteil geworden ist, halten die Hoffnung wach, daß Ähnliches auch anderen (vielleicht, am Ende der Tage, sogar allen Menschen) widerfahren könnte. Und darin liegt die ursprüngliche „Utopie“ der mythisch-kultischen Religion.

2. *Ein Grundmuster und sein Deutungsspielraum*

Was bisher über die Hoffnungsstruktur der Religion gesagt worden ist, kann als die sehr grobe Nachzeichnung eines

Grundmusters gelten, das in mannigfachen Abwandlungen in den verschiedenen Religionen wiederkehrt. Doch handelt es sich dabei nicht nur um unwesentliche Modifikationen, gleichsam um spielerische Variationen eines identischen Themas, sondern um die Entscheidung von Deutungs-Alternativen, die durch dieses „Grundmuster" eröffnet werden. Die Weise, wie Mythos und Kultus eine Hoffnung bezeugen, ist nämlich in wichtigen Hinsichten mehrdeutig. Und manche Unterschiede zwischen Mythen und Kulten der verschiedenen Religionen lassen sich daraus begreiflich machen, daß diese Mehrdeutigkeit nach Entscheidung verlangt.

a. Die Mehrdeutigkeit der mythisch erinnerten und kultisch gefeierten „Anfänge"

Mehrdeutig ist der Anfang, den die Götter gesetzt haben. Denn einerseits erzählt der Mythos, wie entweder die Welt im ganzen oder ein bestimmter Weltbereich (z. B. das Meer mit seinen unheimlichen Abgründen, der Acker mit seiner Fruchtbarkeit, die Volksgemeinde mit ihrer Sozialstruktur, die Stadt mit ihrer Rechtsordnung) aus der Wirksamkeit eines solchen Ursprungs hervorgegangen sei und bleibend aus seiner wirkmächtigen Gegenwart lebe. Andererseits aber muß der Mythos begreiflich machen, warum es nötig ist, diese Anfänge ausdrücklich und feierlich ins Gedächtnis zu rufen. Wo das Gedenken zur religiösen Pflicht erhoben wird, da ist vorausgesetzt, daß das Erinnerte vom Vergessen bedroht ist. Das ist nur möglich, wenn der Anfang, unbeschadet seiner bleibenden Wirkmacht, in eine Ferne entrückt ist. (Vgl. die schon einmal erwähnte häufige Rede vom Abschied der Götter aus dem Lande der Menschen oder von der Vertreibung der Menschen aus dem göttlichen Bereich).

Ähnliches gilt von der Weise, wie der gründende Anfang kultisch begangen wird. Einerseits stiftet der Kultus die neue Gegenwart des Anfangs, läßt ihn je neu und erneuernd wirksam werden und stellt die Kultgenossen in jene Gleichzeitigkeit mit den Ursprüngen, die es ihnen gestattet, das mythisch Berichtete als „hier und heute" geschehen zu bekennen. Andererseits muß im Vollzug des Kultus begreiflich werden, warum es nötig ist, solche Gegenwart ausdrücklich zu stiften. Die ereignishafte Ankunft in der Stunde des Festes setzt voraus, daß die göttliche Gründungsmacht nicht als die zuständlich anwesende, sondern als die aus einer Ferne ankommende begriffen wird. (Besonders deutlich wird dies in Kulten, in welchen die Gottheit als diejenige gefeiert wird, die auf einem Schiff am Gestade des Meeres ankommt und sodann auf dem Schiffswagen in die Stadt eingeholt wird, oder in Kulten, bei deren Eröffnung ein Gegenwartssymbol der Gottheit aus fernen Bergheiligtümern in die Stadt übertragen wird). Deshalb gehört zu sehr vielen Berichten von der Einsetzung einer Kultfeier das Bekenntnis, daß Welt und Menschen die unverhüllte Gegenwart des Göttlichen nicht ertragen würden, und daß die Gottheit sich in ein Bild verhüllen muß, um die Welt zu schonen.

Der Anfang also ist zweideutig, weil er sowohl die fortdauernde und fortwirkende Präsenz der göttlichen Gründungstat in der Welt als auch die Vorbehaltenheit des Göttlichen, das aus der Ferne her ankommt, enthält.

b. Die Mehrdeutigkeit der mythisch und kultisch verstandenen Gegenwart

Wie der göttliche Anfang, so ist auch die gegenwärtige Wirklichkeit der Welt mehrdeutig. Die Existenz von Mensch und Welt nämlich erweist sich als äußerst labil. Die Welt würde sterben, wenn die Gottheit in absolute Ferne entrückt würde. Das bezeugen die vielen Klagelieder, die den Abschied der Gottheit beklagen und dabei beschreiben, wie auf solche Weise die Welt in die Gefahr des Todes geraten ist. Die Welt würde aber auch dann sterben, wenn die Gottheit sich unverstellt zeigen wollte. Sie lebt also von der Verhüllung und Enthüllung, von der Anwesenheit und Abwesenheit des Göttlichen zugleich und ist beständig bedroht von der Gefahr des Absturzes nach der einen oder der anderen Seite.

Vieldeutig aber ist der gegenwärtige Weltzustand auch, weil die verhüllte Gegenwart des Göttlichen den Charakter des Zeichens hat, das mißverstanden werden kann. Alles ist voll von Gegenwartszeichen der Götter. Der Sonnenaufgang und das Wachsen eines Baumes, die Fruchtbarkeit von Acker und Vieh und das Leben der Gesellschaft, all dies bezeugt die wirksame Anwesenheit göttlicher Mächte. Aber eben deshalb ist auch alles geeignet, in fetischhafter Widergöttlichkeit den Zugang zur Gottheit zu verstellen. Jedes Bild ist in der Gefahr, zum Götzen zu werden. Der Übergang von der Bilderverehrung zur Bilderanbetung ist kein spezielles Problem des Christentums. Nicht nur hier hat es deshalb den „Bilderstreit" mehrmals gegeben. Nicht nur hier entstand immer wieder die doppelte Verführung, das Bild für den Gott zu halten oder aber, in der Zerschlagung der Bilder, eine Unmittelbarkeit zum Göttlichen in Anspruch zu nehmen.

Das gilt nicht nur für die Kultbilder, auch nicht nur für die bildhaften Kulthandlungen, die die Menschen ausdrücklich im Dienste der Gottheit vollziehen. Das gilt auch für die Weltwirklichkeit, wie sie mythisch und kultisch erfahren und gedeutet wird. Alles, was ist, ist „Doxa", ist Lichtglanz, in welchem die Gottheit erscheint, und zugleich Mantel, in den sie sich hüllt. Aber alles was ist, kann deswegen auch vergötzt, an die Stelle der Götter gesetzt werden. Es ist, weil es Lichtglanz und Mantel zugleich ist, stets auch die „Wand der Bilder", die durchstoßen werden muß, um vom Abbild zum Urbild, vom Welthaften zum Göttlichen zu gelangen.

c. Die Mehrdeutigkeit der erhofften Zukunft

Aus der Mehrdeutigkeit des göttlichen Anfangs und der erfahrbaren Weltgegenwart folgt auch die Mehrdeutigkeit der Zukunft, für die der mythische Bericht und das kultisch begangene Fest die Gemeinde offen halten will. Diese Zukunft ist einerseits ein unendlicher Gestaltwandel immer neuer Formen von Epiphanie, immer neuer Weisen, wie das Göttliche sich zeigen kann. Das Göttlich-Uranfängliche erschöpft sich in keiner Gestalt seiner Ankunft in der Welt und hält daher die Erwartung der Kultgenossen für immer neue Weisen seiner Wiederkehr offen. Andererseits kann Zukunft erhofft werden als die endzeitlich-unverstellte Gegenwart der Götter, als das Ereignis, das den Schleier zerreißt und nichts von dem übrig läßt, was wir als „diese Welt" kennen.

Aus dem Gesagten sind wiederum Folgerungen zu ziehen, die das Verhältnis der religiösen Hoffnung zum utopischen Gedanken betreffen. Einerseits ist die ganze Welt der Ort

(Topos), an dem das Göttliche erscheint. „Himmel und Erde sind seiner Doxa voll“. Andererseits aber ist das Göttliche ortlos (u-topisch) in dieser Welt. Seine Entschleierung wäre in doppeltem Wortsinn „apokalyptisch“: offenbar machend, aber auch apokalyptische Schrecken mit sich führend. Die Rede von jener Enthüllung, in welcher alles, was wir aus bisheriger Erfahrung kennen, verdampft, zerbricht, „eingerollt wird wie eine Buchrolle“, ist deswegen die „Utopie“ (die Rede von dem, was in dieser Welt keine Stelle hat) innerhalb einer religiösen Reflexion, welche die Zweideutigkeit dieser Welt zum Thema erhoben hat.

d. Religionshistorische Entwicklung als Deutungsprozeß

Weil das Weltverständnis, wie es sich in Mythos und Kultus ausdrückt, zweideutig ist, ist es historisch entwicklungsbedürftig. Das Zugleich von „Ferne“ und „Nähe“ der göttlichen Ursprünge, die Doppelmöglichkeit der welthaften Bildgestalten, transparente Erscheinung des Göttlichen zu sein oder sich götzenhaft an seine Stelle zu setzen, vor allem aber die Zweigestaltigkeit der Zukunftserwartung, die sich einerseits auf die unendliche Reihe kommender Parusien richten kann, andererseits aber auf das „Zerreißen des Schleiers der Bilder“: All dies wirft die Frage auf, wie sich das Göttliche zum Welthaften verhalte. Dabei kann bald die Differenz, bald der Zusammenhang stärker betont werden. Eine später entstehende philosophische Begrifflichkeit wird bald mehr von der „Transzendenz“ der Gottheit gegenüber der Welt und den Menschen sprechen, bald mehr von ihrer „Immanenz“ in allen Erscheinungen welthaft-menschlichen Lebens. Aber nicht nur in der Philosophie wird diese Frage gestellt. Auch die Religion selber kann sich bald stärker darauf konzentrieren, dem Göttlichen in dieser Welt zu begegnen, bald mehr darauf, einen Weg der Weltüberwindung zu weisen. Die Geschichte der ägyptischen und griechischen Mysterien zeigt besonders deutliche Beispiele dafür, wie die Hoffnung auf Welterneuerung (insbesondere in Riten der Fruchtbarkeit) zurücktritt zugunsten der Hoffnung auf Weltüberwindung (vor allem in Kulten der Reinigung und der Einweihung in ein Leben jenseits des Todes).

Der Gedanke der „religiösen Weltüberwindung“ kann nun eine spezielle Form annehmen, die für die hier erörterte Frage nach der „Hoffnungsstruktur der Religion“ von besonderer Bedeutung ist. In gewissen Religionen richtet sich die Zukunftserwartung nicht primär auf eine Überwindung der „Welt überhaupt“ in einem nach dem Tode erhofften Leben bei den Göttern, sondern auf eine Überwindung „dieser Welt“, wie wir sie aus Erfahrung kennen, zugunsten einer „kommenden Welt“.
Die Kritik an „dieser Welt“ wird nun radikal. Sie ist nicht nur relativ fern vom Göttlichen, sondern schlechterdings widergöttlich, nicht nur ein Gefüge zweideutiger, aber eben doch unentbehrlicher „Bilder“ für die verborgen wirksame Gegenwart der Götter, sondern ein Herrschaftsbereich der Dämonen, nicht nur labil in ihrer Existenz, sondern „wert, daß sie zugrunde geht“. Aber zugleich ist die Hoffnung nicht auf eine weltlose Unmittelbarkeit zu den Göttern gerichtet, sondern auf die Entstehung einer neuen Welt auf den Trümmern der alten. Die Antithese von „dieser Welt“ und der „kommenden Welt“ erweist sich so als eine besondere, „dualistische“ Ausprägung dessen, was an einer früheren Stelle des hier durchlaufenen Gedankengangs allgemein die „Hoffnungsstruktur der Religion“ genannt worden ist.

3. Die Antithese der „beiden Welten“ als dualistische Ausprägung der religiösen Hoffnung

a. Der Gegensatz der „beiden Welten“ und die Religion Zarathustras

Der Gegensatz zwischen „dieser Welt“ und der „kommenden Welt“ ist das strukturgebende, alle Einzelinhalte religiösen Sprechens und Handelns bestimmende Prinzip jener Religion, die um die Mitte des ersten vorchristlichen Jahrtausends in Persien entstand und deren Stiftung mit dem Namen „Zarathustra“ verknüpft ist. Die Zweideutigkeit der Welt, in der wir leben, wie sie in Mythos und Kultus ausgelegt wird, gilt nun als Anzeichen ihrer essentiellen Unreinheit. Und die göttlichen Kräfte, die diese unreine Welt fortdauernd erneuern, also insbesondere die Gottheiten des

Todes und der Fruchtbarkeit, welche die zyklische Reproduktion des Lebens auf dieser Welt beherrschen, gelten nun als widergöttliche Dämonen, als „Teufel". Es ist die klassisch-persische Religion, in welcher die terminologische Unterscheidung zwischen Göttern und Teufeln erstmalig geprägt wird; dabei sind es gerade die in der vorklassischen Religion Persiens verehrten Götter des Lebens (und des damit verbundenen Sterbens), die nun im ganz wörtlichen Sinne „verteufelt" werden. „Diese Welt", die unreine, von Teufeln beherrschte, muß in einem reinigenden Weltbrande untergehen, damit die „kommende Welt", die der einzig wahren Gottheit Ahura Mazda wohlgefällt, heraufkommen kann.

Die Verehrer von Ahura Mazda („Herrscherin Weisheit"), die sich „Liebhaber der Weisheit" nennen, bilden daher die Gemeinde der Hoffenden, die sich von dieser Welt reinigt und für die kommende Welt bereithält. Aber sie hält sich für diese kommende Welt nicht in untätigem Abwarten bereit, sondern in einer Praxis, welche die Überwindung „dieser Welt" schon heute betreibt und damit die Heraufkunft der „kommenden Welt" vorwegnimmt. Dies geschieht in jenen großen Werken der Kultur, in denen die naturwüchsig vorgegebene Welt überwunden wird und eine noch nicht dagewesene neue Welt entsteht.

Bezeichnend dafür sind die fünf guten Werke, die Zarathustra seinen Anhängern vorschreibt und von denen er sagt: „Wer sie tut, wird im kommenden Gericht nicht nach seinen Sünden gefragt". Von diesen fünf guten Werken haben drei positiv-aufbauenden, zwei negativ-zerstörenden Charakter. Die drei positiv-aufbauenden Werke aber sind, wenn wir sie in einer heutigen Terminologie beschreiben wollen, typische Werke der Kultur. Im kommenden Gericht wird der nicht nach seinen Sünden befragt, der „eine Steppe berieselt, einen Sumpf entwässert, einen Fruchtgarten pflanzt". Dazu freilich ist der Kampf mit den Dämonen notwendig, welche die Sümpfe und Wüsten regieren. Das Naturgegebene kann nur dann zugunsten einer kulturschöpferischen Tätigkeit überwunden werden, wenn mit den drei positiven zwei negative Werke verknüpft sind. Im kommenden Gericht wird der nicht nach seinen Sünden befragt, der „eine Stätte des

Fruchtbarkeitskults verwüstet, und der die Gebeine der Toten den Vögeln zum Fraß vorwirft", d. h., der die Kultstätten von Tod und Geburt verwüstet, denn die Götter des Todes und der Geburt führen zyklisch immer wieder das schon Gewesene herauf.

Der Kampf gegen die „Teufel dieser Welt" gehört deswegen notwendig zu jener „Praxis der Hoffnung" hinzu, die in den Werken der Verwandlung von Naturwelt in Kulturwelt ausgeübt wird. (Am Rande sei vermerkt, daß zu diesen Kulturtätigkeiten auch das Bauen von Straßen in unwegsamem Gelände gehört. Nicht zufällig sind die Perser die Erfinder des Baues von Fernstraßen gewesen, auch durch solche Gebiete, in denen zunächst „Berge und Hügel abgetragen werden müssen", damit „das Ungerade zum ebenen Weg" werden kann. Auch diese Tätigkeit der Perser, durch die sie in ihrer Umwelt Aufsehen erregten und die, wenn auch in anderem Sinne, den Juden als ein Anzeichen der bald heraufkommenden „kommenden Welt" erscheinen mußte, hängt zusammen mit dem Protest gegen die gegebenen, gleichsam naturwüchsigen Verhältnisse „dieser Welt" und mit einer „Praxis der Hoffnung", die eine „kommende Welt" antizipiert).

Die „göttliche Weisheit", die in der altpersischen Religion als Beraterin der Götter beim Schöpfungswerk und deshalb zugleich als Beraterin der Menschen beim weltreproduzierenden Kultus verehrt worden war, wird nun zur Herrin des kommenden Äon und zur Auftraggeberin der großen Werke der Kultur.

b. Die dualistische Hoffnungsstruktur und die politische Praxis

Aus der unvermittelten Entgegensetzung der beiden „Weltzeiten" ergibt sich der dreifache Dualismus, der für die Religion des Zarathustra bezeichnend ist. Wenn die „kommende Welt" nur aus der Vernichtung „dieser Welt" hervorgehen kann, dann steht auch die „Herrscherin Weisheit" als die Gottheit der Zukunft in unvermittelter Feindschaft den „Herrschaftsmächten dieser Welt" gegenüber. Der Antithese der Zeitalter entspricht die Lehre von den „zwei Prinzipien" des Lichtes und der Finsternis. Unvermittelt dualistisch

treten deshalb auch zweitens Natur und Geschichte einander gegenüber. Geschichte geschieht durch antizipatorische Praxis, welche schafft, was noch nicht war; Natur aber reproduziert im Wechsel von Geburt und Tod das ewig Gleiche. Schließlich aber ergibt sich aus dieser Antithese drittens der Dualismus von Leib und Seele. Denn als leibliches Wesen gehört der Mensch dieser alten Welt an, er lebt aus den Kräften der Geburt und ist dem Tode verfallen. Wenn er überhaupt eine Hoffnung hat, aus dem Weltbrande der alten Welt in die neue Welt überzugehen, dann nur deshalb, weil er in seinem Wesenskern, später „Seele“ genannt, vom Bestand oder Untergang jener Welt unbetroffen bleibt, der er mit seinem Leibe unvermeidlich angehört.
Gerade dieser Zusammenhang verdient hier Erwähnung, weil er von der Theologie nicht immer hinlänglich bedacht worden ist. Man kann die Antithese der Weltalter nicht bejahen und zugleich den „anthropologischen Dualismus“ bestreiten. Wenn die alte Welt einschränkungslos „böse“ und nur die kommende Welt „gut“ ist, dann müssen wir uns damit abfinden, daß wir mit unserer leibhaften Existenz, die offenkundig der alten Welt zugehört, keinen Anteil an der kommenden Welt erlangen. Wer die alte Welt verteufelt, kann nur mit seiner Seele ins Himmelreich einzugehen hoffen. Es ist daher nicht konsequent, gegen den „Dualismus von Leib und Seele“ als eine angeblich „griechische“ Anthropologie zu polemisieren und gleichzeitig den unvermittelten Gegensatz von Vergangenheit und Zukunft als eine angeblich „genuin biblische“ Weltansicht aufrechterhalten zu wollen. Dieses Verfahren beruht einerseits auf einer historisch irrigen Voraussetzung. Weder ist in der altgriechischen Auffassung vom Menschen der Gegensatz von Leib und Seele heimisch, noch ist der Gegensatz der beiden Weltalter in der altisraelitischen Religion bekannt. Vielmehr stammen beide Gegensätze gemeinsam aus der klassisch-persischen Auffassung von der Welt und vom Menschen; und gerade hier zeigt sich, daß sie auch sachlich miteinander verknüpft sind. Darum beruht der Versuch, den heilsgeschichtlichen Dualismus zu behaupten, aber den anthropologischen Dualismus zu verwerfen, auch auf einer sachlich unzutreffenden Voraussetzung. Die Verteufelung der „alten Welt“ ist nicht zu

trennen von der Verachtung des Leibes, der den Mächten von Geburt und Tod seiner Natur nach verhaftet ist.
Die dualistische Auffassung von der Welt und vom Menschen hat, so zeigte sich schon, unmittelbar praktische Bedeutung. Die Hoffnung auf eine „kommende Welt" und die Totalverurteilung der „alten Welt" verpflichtet die Diener an der wahren Gottheit zu jener Praxis, welche die kommende Welt antizipiert, zugleich aber die alte Welt zertrümmert, gleichsam das kommende Gericht über sie schon heute vollzieht. Da werden nicht nur Götterstatuen zerschlagen; da werden auch die alten, sakral verstandenen Sozialverbände aufgesprengt, die Völker und Staaten zu einem neuen Weltreich zusammengeschmiedet. Es ist kein Zufall, daß die Perser ihre Umwelt nicht nur durch ihre technischen Errungenschaften in Staunen versetzten (vom Straßenbau als einem ausgezeichneten Beispiel war schon die Rede), sondern daß sie zugleich in einer gewaltigen politisch-militärischen Expansion alle bis dahin bestehenden Großreiche sich unterwarfen. Der Schrecken vor den „daherstampfenden Soldatenstiefeln" klingt auch in biblischen Texten noch nach (vgl. Js. 9,4). Ein straff organisierter Einheitsstaat mit neu nach planerischen Gesichtspunkten umschriebenen Statthalterbezirken ersetzte die mannigfachen Vasallitäts- und Tributär-Verhältnisse vorangehender Großreiche. Und das Oberhaupt dieses Staates wurde, sogar von den Angehörigen umliegender Völker, nicht als ein König unter Königen, sondern als „der König" im Singular angesprochen.

Es ist gerade dieser Zusammenhang zwischen dem Dualismus und der politischen Praxis, welcher die Religion Zarathustras zu einem Modell der philosophischen Utopik hat werden lassen. Wie die Anhänger von Ahura Mazda, so erklären auch die Revolutionäre die bestehende Welt als schlechterdings böse, verstehen sich selbst als die Bürger der kommenden Welt und entnehmen diesem Selbst- und Weltverständnis die Anweisung für eine Praxis, welche das Gericht über die alte Welt vollstreckt und eine kommende Welt antizipiert. Wenn überhaupt davon gesprochen werden kann, daß das Gute und Gerechte in dieser bösen und ungerechten Welt einen „Ort" besitze, dann ist die Gemeinde derer, die sich „reinhalten von dieser Welt“, allein dieser Ort. Und die Rede vom Endgericht über diese Welt und der Heraufkunft einer neuen Schöpfung, also von der Entstehung solcher Gerechtigkeitsverhältnisse, die in dieser bestehenden Welt „keine Stelle finden“, ist die Utopie, welche der dualistischen Religion und der Theorie der Revolution gemeinsam ist.

4. Der Dualismus der Weltalter und die biblische Apokalyptik

a. Historische Berührung und sachliche Gemeinsamkeiten

Die Rede von einem Gegensatz zwischen „dieser Welt“ und der „kommenden Welt“ ist, so hat sich gezeigt, keineswegs das Unterscheidungsmerkmal biblischer Apokalyptik; sie ist vielmehr das Generelle, das die jüdisch-christliche Apokalyptik mit dem persischen Dualismus gemeinsam hat. Dabei ist es gewiß kein Zufall, daß die biblische Apokalyptik erst in jener Zeit entsteht, die auf das „babylonische Exil“ der Israeliten folgt: Es waren ja gerade die Perser, denen das jüdische Volk die Möglichkeit verdankte, aus der babylonischen Gefangenschaft ins Land der Väter zurückzukehren. Aber nicht nur der Kampf gegen Babylon war Persern und Juden gemeinsam. Auch der Kampf Zarathustras gegen die Kulte des Todes und der Fruchtbarkeit mußte den in der Zerstreuung befindlichen Israeliten als eine Bestätigung ihrer eigenen Traditionen erscheinen. Gegen den Baal und die Aschera hatten die vorexilischen Propheten Israels mit höchst wechselhaftem Erfolge gekämpft. Und das Verbot von Totenkult und Totenbeschwörung gehört zu den wesentlichen und für die Umwelt befremdlichen Inhalten des israelitischen Gesetzes. Im Zusammenhang damit hatte auch die altisraelitische Religion jene Wendung von der Natur zur Geschichte längst vollzogen, die nun auch für die Religion der Perser charakteristisch erschien.
Es ist verständlich, daß sich aus solcherlei politischen und religiösen Gemeinsamkeiten auch eine Art von Partnerschaft zwischen Persern und Juden ergab, wenn auch militärische Macht und politischer Einfluß zwischen diesen Partnern

höchst ungleich verteilt gewesen sind. Die Perserkönige Kyrus und Darius scheinen die Juden vor anderen Völkern in auffälliger Weise bevorzugt zu haben. (Das spiegelt sich insbesondere in dem Widerstand, den die „Samaritaner", aber auch die übrigen Bewohner des alten Siedlungslandes der Zwölf Stämme den judenfreundlichen Regierungsmaßnahmen persischer Statthalter entgegensetzten.) Andererseits haben spätexilische und nachexilische Propheten dem persischen Königtum eine religiöse Würde zugesprochen, die sonst von den Königen der Heidenvölker nicht behauptet wird. Jener namenlose Prophet, für den die Heimführung aus dem Exil den zentralen Verkündigungsinhalt ausmacht, und der, weil seine Sprüche an das Jesaiabuch angefügt worden sind, unter dem Namen „Deutero-Jesaia", „Zweiter Jesaia" bekannt ist, nennt den Perserkönig Kyros gar den „Messias des Herrn": „So spricht der Herr zu Kyros, seinem Gesalbten [. . .] Ich habe dich beim Namen gerufen, dir einen Ehrennamen gegeben, und du kanntest mich nicht [. . .] Ich habe dich gesalbt, und du wußtest es nicht" (Jes 45,4–5). Darauf, daß die Königsstraßen der Perser, die nun quer durch die Wüste angelegt wurden, vom gleichen Propheten als ein „Straßenbau für den Herrn" und damit als ein Zeichen unmittelbar bevorstehenden Heiles verstanden wurden, ist an früherer Stelle dieses Gedankenganges schon einmal hingewiesen worden.

Soviel Gemeinsamkeit macht es verständlich, daß im Judentum die Bereitschaft entstand, auch inhaltliche Momente aus der neuen Religion Persiens zu übernehmen. Erst jetzt nämlich verbindet sich die Heilshoffnung Israels mit der Ansage eines Gerichts über die bestehende Welt und mit dem Ausblick auf eine Neuschöpfung, welche die alte Schöpfung des Himmels und der Erde überbieten soll. „Gedenket nicht mehr der früheren Dinge und achtet nicht mehr auf das Vorige. Denn siehe, ich schaffe Neues" (Jes 43,18). Und ein späterer Prophet, den man den „Dritten Jesaia" nennt, setzt die Neuschöpfung ausdrücklich in Antithese zur Schöpfung „im Anfang". „Siehe, ich schaffe einen neuen Himmel und eine neue Erde, daß man der früheren nicht mehr gedenken soll" (Jes 65,17). In dieser verschärften Form ist die Ansage der Neuschöpfung zum Grundbestand apokalyptischer Verkündigung geworden, auch und gerade in die neutestamentliche Apokalyptik hinein. „Und ich sah den neuen Himmel und die neue Erde, denn der erste Himmel und die erste Erde waren vergangen, und das Meer besteht nicht länger. Und ich, Johannes, sah die heilige Stadt, das neue Jerusalem, aus dem Himmel von Gott herniedersteigen [. . .] und der auf dem Throne saß, der sprach: ‚Siehe, ich mache alles neu' " (Offb. 21,1–5).

Wenn der Zusammenhang zwischen dem Dualismus der Weltalter und einer radikal umgestaltenden politischen Praxis die altpersische Religion zu einem Modell für die philosophische Utopik gemacht hat, dann ist es verständlich, daß die Utopiker auch aus der biblischen Apokalyptik bevorzugt solche Stellen zitieren, welche das „himmlische Jerusalem" und das „kommende Reich" in unvermitteltem Gegensatz zur „alten Welt" vor Augen stellen. Das Reich als Hoffnungsinhalt, die alte Welt aber als eine, derer „nicht mehr gedacht wird": das ist die „Religion", die Bloch auch als Atheist noch „im Erbe" behalten möchte.

b. Spezifische Differenzen

Gerade in diesem Zusammenhang aber muß, so scheint mir, beachtet werden, daß der Dualismus der Weltalter samt allen anderen Dualismen, die er im Gefolge hat, nicht das Spezifikum der biblischen Apokalyptik ausmacht, sondern gerade das Unspezifische, das zur Entstehungszeit dieser Gattung „Zeitgemäße", auch außerhalb des Judentums, vor allem bei den Persern Übliche. Denn auch nach ihrer Rückkehr ins Land der Väter bildeten die Juden keinen souveränen Staat, sondern unterstanden mehr als zwei Jahrhunderte lang persischen Statthaltern; und die nachfolgende Herrschaft hellenistischer Könige war für die Juden vor allem in religiöser Hinsicht so bedrückend, daß die vorausgehende Perserzeit mit ihrer Judenfreundlichkeit noch weitere zwei Jahrhunderte lang als ein nahezu goldenes Zeitalter erscheinen mußte. Der Widerstand der Juden in Palästina gegen den Hellenismus mußte darum auch diejenigen Vorstellungen weiter stabilisieren, die sie sich in der Herrschaftszeit des „persischen Messias" zu eigen gemacht hatten.

Doppelt wichtig ist es daher, die spezifischen Differenzen zu beachten, durch welche die biblische Apokalyptik sich von der persischen Hoffnung auf eine kommende Welt unterscheidet. An dieser Stelle soll vor allem auf drei solcher Differenzen aufmerksam gemacht werden.

Im Gegensatz zum Leistungsstolz der Perser, die das kommende Heil in kulturschöpferischer Arbeit antizipiert und deshalb ein geradezu erschreckendes Ethos der Arbeitsleistung entwickelt haben, richtet sich die Heilshoffnung der Juden auf Gottes reine, ungeschuldete Gnade. Gerade in der Zeit der „babylonischen Gefangenschaft" machten die zerstreuten Judengemeinden die Erfahrung, bloße Objekte, nicht Subjekte des politisch-gesellschaftlichen Geschehens zu sein. Im Zusammenhang dieser Erfahrung bildete sich das Bewußtsein aus, daß schon die Fortexistenz der Glaubensgemeinschaft unter solch extremen Bedingungen ein Faktum ohne Beispiel sei, das nicht auf eigene Leistung und eigenes Verdienst, sondern allein auf die Gnade Gottes zurückgeführt werden könne. Und wenn die Zerstreuung unter die Völker als ein Gericht Gottes über die Sünden des Volkes verstanden werden mußte, dann mußte der Fortbestand der Gemeinden als eine Gabe göttlicher Vergebung begriffen werden. Noch mehr aber mußte dann ein kommendes Heil, wenn es überhaupt erhofft werden durfte, als reine Gnade von Gottes Huld erwartet werden. „Du hast mich nicht gerufen Jakob, dich nicht um mich gemüht, Israel [. . .]. Ich aber, ich heile deine Übertretungen und gedenke deiner Sünden nicht" (Jes 43,22 u. 25). „Nicht auf unsere Gerechtigkeit trauen wir, sondern auf deine große Barmherzigkeit" (Dan 9,18). Es ist gewiß kein Zufall, daß das Vertrauen auf die reine Gnade Gottes abseits von allem Verdienst der Werke in den Gemeinden der Exilszeit entstand, in der hellenistischen Diaspora weiter ausgestaltet wurde und durch den Diaspora-Juden Paulus ins Zentrum der christlichen Soteriologie gerückt worden ist.

Mit dem Zutrauen auf Gottes reine Gnade im Gegensatz zum Stolz auf das Verdienst der eigenen Werke hängt eine zweite Differenz zusammen, welche die jüdisch-christliche Heilshoffnung, auch und gerade in ihrer apokalyptischen Ausprägung, vom persischen Dualismus unterscheidet: die

Lehre von der „Alleinursächlichkeit Gottes" im Gegensatz zum persischen Dualismus des guten und des bösen Prinzips. Ein Satz des Deutero-Jesaia, der sonst sehr befremdlich klingt, wird auf dem Hintergrunde dieses Dualismus geradezu als Antithese verständlich. „Ich bin der Herr und sonst keiner. Ich mache das Licht und schaffe die Finsternis, ich schenke Heil und schaffe Unheil. Ich bin der Herr, der alles wirkt" (Jes 45,6 f.). Wenn das Heil nicht nur für die Guten und Gerechten erhofft werden darf, während die Bösen und Ungerechten dem Unheil verfallen, wenn das Heil vielmehr aus der Gnade stammt, die den Sündern gewährt wird, dann sind auch Gericht und Errettung nicht zwei einander entgegengesetzte Inhalte der Zukunftserwartung. Mitten im Gericht (konkret: in der Zerstörung Jerusalems und der Zerstreuung unter die Völker) ist die Gnade schon am Werke (die anstelle des alten Jerusalem ein neues stiften will und den „alten Bund" durch einen „neuen Bund" überbietet – vgl. Jer 31,31 ff.). Dann aber können auch Unheil und Heil nicht auf zwei antagonistische Prinzipien zurückgeführt werden, sondern allein auf den einen Gott, der alles schafft. „Ich bin der Herr und keiner sonst, außer mir ist kein Gott" (Jes 45,5).

Die Einzigkeit dieses Gottes aber verbietet es zugleich, den „alten Äon" auf ein dämonisches Prinzip zurückzuführen und allein die „kommende Welt" als den Herrschaftsbereich des wahren Gottes auszuzeichnen. Es ist auffällig, wie häufig und betont gerade die apokalyptischen Texte des Alten und Neuen Testamentes der Neigung entgegentreten, zugunsten der Zukunft die Vergangenheit und Gegenwart zu verteufeln. Der Gott des Heils ist gerade nicht der Gott der Zukunft allein; er ist zugleich der Gott der Anfänge. „Vor mir ward kein Gott gebildet und nach mir wird keiner sein" (Jes 43,10); der Gott, von dem Deutero-Jesaia spricht, ist also weder der Gott des alten Äons im Gegensatz zum neuen, so daß nach ihm ein anderer, ein Gott der Zukunft zu erwarten wäre, noch ein Gott des neuen Äons im Gegensatz zur alten Schöpfung, als ob ihm, dem Gott der Zukunft, ein anderer der Zeit nach vorausgegangen wäre. „Ich bin der Erste und der Letzte, außer mir ist kein Gott" (Jes 44,6). Wiederum ist es gerade der Gegensatz zum persischen Dualismus der Weltalter, der verständlich macht, daß die Identität von „Gott des Anfangs" und „Gott der Vollendung" in den apokalyptischen Texten so sehr betont wird. Dies gilt, wie bekannt ist, auch für die Johannes-Apokalypse des Neuen Testaments. „Ich bin das Alpha und das Omega, der Anfang und das Ende, spricht der Herr" (Offb. 1,8 = 21,6 = 22,13).

Die Alleinursächlichkeit Gottes, der kein „widergöttliches Prinzip" neben sich kennt, und die Identität des „Gottes der Anfänge" mit dem „Gott der Heilszukunft" hat nun eine Auffassung von der Geschichte zur Folge, die für die apokalyptischen Texte charakteristisch ist. Was in der Gegenwart geschieht und für die Zukunft erhofft werden darf, ist die Verwirklichung eines Heilsplanes, den Gott schon „im Anfang" gefaßt hat. Die Fähigkeit, zu verheißen, was sich erst im Lauf der Geschichte erfüllt, wird so geradezu zur Legitimationsprobe des wahren Gottes im Angesichte des Heiden. „Wer brachte je das Künftige zur Kenntnis und machte das Kommende offenbar? " (Jes 44,7). Der Gott Israels, und er allein, erweist sich als „der Erste und der Letzte" (Jes 44,6), weil er von Anfang an verheißen hat, was im künftigen Verlauf der Geschichte geschehen sollte. Das für die biblische Apokalyptik so wichtige Verhältnis von Verheißung und Erfüllung dient also gerade dazu, den unvermittelten Dualismus der Weltalter zu überwinden und so die Identität von „Alpha und Omega" zu erweisen. Darin, und nicht in der Antithese von „dieser Welt" und der „kommenden Welt" liegt das Spezifikum der biblischen Apokalyptik; wohl aber bildet der unvermittelte Dualismus der Zeitalter und mit ihm alle anderen Dualismen, die sich aus ihm ergeben, die bleibende Gefahr, welche die jüdische und christliche Endzeithoffnung in ihrer ganzen Geschichte begleitet: die Gefahr eines Rückfalls in Vorstellungen, die sich durch den Vergleich biblischer und altpersischer Heilserwartung als vorbiblisch erweisen.

5. Ein Zwischenergebnis

Der „utopische Gedanke", wie er insbesondere von Ernst Bloch ausgesprochen wird, und die christliche Heilshoffnung

weisen eine Reihe von überraschenden Übereinstimmungen auf. Dieser Befund läßt mehrere Deutungsmöglichkeiten offen: Handelt es sich hier um das Ergebnis einer „Säkularisierung“ ursprünglich religiös gemeinter Hoffnungsaussagen? Oder haben wir es hier mit einer neuen „Religion ohne Gott“ zu tun, die das „Erbe“ des christlichen Glaubens antreten möchte? Oder stellt der utopische Gedanke ein Angebot an die Christen dar, ihre eigene Heilshoffnung neu zu verstehen, dabei aber Christen zu bleiben? Und im letzteren Falle: Ergibt sich ein angemessenes, vielleicht sogar ein vertieftes Verständnis der christlichen Hoffnung, wenn diese sich des utopischen Gedankens als eines „Interpretaments“ (= Auslegungsmittels) bedient? Oder entsteht so ein grundlegendes Mißverständnis der christlichen Heilsbotschaft?
Um eine Antwort auf diese Frage zu gewinnen, wurde ein Rückblick in die Religionsgeschichte versucht. Er sollte dazu helfen, zu entscheiden, ob diejenigen Hoffnungsaussagen, die den christlichen Glauben mit dem utopischen Gedanken Blochs vergleichbar machen, das „spezifisch Christliche“ der christlichen Hoffnung betreffen, oder ob sie nur den allgemeinen Rahmen abstecken, innerhalb dessen die Entscheidung für oder gegen die Heilshoffnung im spezifisch christlichen Sinn des Wortes gefällt werden kann. Dieser Rückblick hat zu folgenden Ergebnissen geführt:

a. Es ist kein Spezifikum des biblischen (jüdisch-christlichen) Glaubens, daß die Hoffnung zu seinen „Struktur-Momenten“ gehört. Überall dort, wo mythische „Anamnese“ die göttlichen Anfänge „erinnert“, und überall dort, wo kultische Feier den göttlichen Anfängen eine neue, die Welt erneuernde Wiederkehr vermitteln will, ist die Hoffnung ein konstitutives Moment solchen Sprechens und Tuns. Denn den „Anfängen“ wird eine unerschöpfliche Erneuerungskraft zugetraut, die gerade deshalb nicht vergessen werden darf, weil sie stets neu an der Welt wirksam werden soll. Der Mensch aber als Sprecher des mythischen Wortes und als Bevollmächtigter der kultischen Feier hat die Aufgabe, der „Platzhalter“ zu sein, der dem Göttlichen eine Stelle seiner Ankunft in dieser Welt offenhält. Das Göttliche hat in der so verstandenen Welt „keinen Ort“ im Sinne ruhender Anwesenheit, wohl aber eine „offene Stelle“ für seine je neue ereignishafte Ankunft. Der Gedanke an eine mögliche „Entrückung“ des Menschen an jenen „Ort“, an dem die Götter „wohnen“, und der von allen Orten dieser Welt verschieden ist, ist die ursprüngliche „Utopie“ der Religion.

b. Dieser religiösen Weltansicht ist ein Spielraum für historischen Wandel geöffnet, weil sie im Ansatz vieldeutig ist und dadurch Alternativen kommender interpretatorischer Entscheidung offenhält. Vieldeutig ist der religiös gedeutete „Anfang“, weil er der Welt in ihrem gesamten Verlaufe wirksam nahebleibt, zugleich aber, in mythischer Vorzeit geschehen, von aller erfahrbaren Weltzeit durch einen Hiatus getrennt ist. Vieldeutig ist die religiös interpretierte Gegenwart der Welt, weil diese durch die „Ferne“ der Götter ebenso in ihrer Existenzfähigkeit bedroht ist, wie sie durch deren unverstellte „Nähe“ in die äußerste Todesgefahr geraten würde. Ist aber die verhüllte Gegenwart des Göttlichen die Existenzbedingung all dessen, was in dieser Welt ist und geschieht, so wird die Welt noch auf eine zweite Weise vieldeutig: als ein Gefüge „heiliger Bilder“, die die Ankunft des Göttlichen vermitteln, und die doch zugleich in Gefahr sind, sich götzenhaft an die Stelle des Göttlichen zu setzen. Die Welt ist „Doxa“ in der Doppelfunktion des „offenbarenden Lichtglanzes“ und des „verhüllenden Mantels“ der Gottheit zugleich. Vieldeutig ist aber auch die religiös verstandene Zukunft. Denn sie erscheint einerseits als die unendliche Abfolge von Variationen neuer Gestalten für die „Wiederkehr“ der ewig gleichen Ursprünge, andererseits als jene „Wiederkehr der Götter“, vor der diese gesamte Welt der „Bilder“ vergehen wird.

Diese Vieldeutigkeit wirft insbesondere folgende Frage auf: Besteht die angemessene Offenbarung der göttlichen Herrlichkeit im Bestand und der beständigen Umgestaltung dieser Welt („Himmel und Erde sind der Doxa voll“)? Oder besteht sie darin, daß diese ganze Welt in einer endzeitlichen Ankunft des Göttlichen untergeht („Himmel und Erde werden vergehen“)?

c. Eine mögliche Entscheidung dieser Alternative wird durch solche Religionen getroffen, die „diese Welt“ und die „kommende Welt“ einander in unvermitteltem Gegensatz gegenüberstellen. Ausgezeichnetes Beispiel dafür ist die Religion des Zarathustra. Sie versteht die Vieldeutigkeit der religiös interpretierten Welt als Anzeichen ihrer „Unreinheit“ und erwartet daher ihren Untergang in einem großen „Reinigungsfeuer“. Zentralinhalt der religiösen Verkündigung ist dann die Hoffnung auf eine kommende Welt, die aus dem Untergang dieser Welt hervorgehen wird. Eine Praxis der Hoffnung, welche die kommende Welt schon in diesem Äon antizipiert, wird dann zur wichtigsten Aufgabe der religiösen Gemeinde. Die Religion Zarathustras gab Anweisungen für eine solche Praxis der Hoffnung in Werken der Kultur, die die Natur überwindet und überbietet und damit die „Götzen dieser Welt“ vertreibt. Folge der „heilsgeschichtlichen Antithese der Weltalter“ ist der Dualismus von Natur und Kultur, von Leib und Seele, von Göttern (oder Teufeln) der Geburt und des Todes einerseits, dem Gott des zukünftigen Reiches andererseits.

d. Ebensowenig wie die „Hoffnungsstruktur“ ist die Antithese von „altem“ und „neuem Äon“ ein Spezifikum des biblischen Glaubens. Vielmehr ist die Überzeugung, daß das erhoffte Heil in „dieser Welt“ keine Stelle habe, sondern erst durch Erschaffung einer „kommenden Welt“ Wirklichkeit gewinne, der jüdisch-christlichen Apokalyptik mit der altpersischen Weltdeutung gemeinsam. Spezifisch für die jüdisch-christliche Apokalyptik ist gerade nicht die Antithese der „alten“ und der „kommenden“ Welt, auch nicht die Aufforderung zu einer antizipatorischen Praxis der Hoffnung, sondern die *Korrektur* dieser religiösen Weltdeutung durch folgende Momente: Die errettende Tätigkeit Gottes ist reine Gnade (im Gegensatz zum Leistungsstolz der Perser); der Gott der Zukunft ist identisch mit dem Gott der Ursprünge (im Gegensatz zum Dualismus der Weltalter und ihrer „Archonten“); Vergangenheit und Zukunft sind durch das Verhältnis von Verheißung und Erfüllung verknüpft (im Gegensatz zur persischen „Verteufelung“ der Gottheiten des naturhaft seit den Ursprüngen sich erneuernden Lebens).

Die Möglichkeit, die eigene Heilshoffnung dualistisch-antithetisch der Erinnerung an die Ursprünge entgegenzusetzen, stellt innerhalb dieser Apokalyptik die Gefahr eines häretischen Rückfalls in vorbiblische Verstehens- und Verhaltensformen dar. Das ausgezeichnete Beispiel dieses Rückfalls ist in der Geschichte der christlichen Theologie mit dem Namen Marcion verbunden.

Zweiter Teil:

Der „utopische Gedanke" – seine Geschichte und seine Aktualität

Die Frage nach dem Verhältnis zwischen dem „utopischen Gedanken" und der christlichen Heilshoffnung wird durch den Eindruck veranlaßt, daß zwischen beiden hinsichtlich ihrer Form wie hinsichtlich wesentlicher Inhalte eine auffällige Übereinstimmung besteht. Im hier vorgetragenen Gedankengang wurde dieser Eindruck freilich zunächst nur dadurch erzeugt, daß ein vereinzeltes Zitat aus Blochs Buch „Geist der Utopie" zur Kenntnis gegeben wurde. Die zufällige Auswahl einer isolierten Textstelle reicht jedoch für die beabsichtigte Verhältnisbestimmung in keiner Weise aus. Es ist daher nötig, wenigstens in Umrissen zu bestimmen, was der Terminus „der utopische Gedanke" meint. Und dazu ist erneut ein Rückblick in die Geschichte erforderlich – diesmal nicht in die Geschichte der Religion, wohl aber in die Geschichte einer literarischen Gattung, für die der Name „Utopien" geläufig geworden ist. Denn zwar ist für das Verhältnis zur christlichen Heilshoffnung die spezifische Fassung, die Ernst Bloch dem „utopischen Gedanken" gegeben hat, besonders bedeutungsvoll. Aber Bloch steht hier in einer Tradition; und auch sein spezifisches Verständnis des „utopischen Gedankens" kann nur aus dieser Tradition – in Kontinuität zu ihr und im Kontrast gegen sie – angemessen verstanden werden.

1. „Utopia" und die Utopien

a. Die „Utopia" des Thomas Morus und das Programm einer literarischen Gattung

Niemand könnte vom „utopischen Gedanken" sprechen, wenn es nicht ein Buch gäbe, das „Utopia" heißt und einer literarischen Gattung, den „Utopien", den Namen gegeben hat. Wer über die Geschichte des utopischen Gedankens spricht, wird dieses Buch nicht unerwähnt lassen können. Dabei haben nicht so sehr die einzelnen Inhalte dieses

Buches exemplarische Bedeutung für die gesamte Gattung erlangt als vielmehr sein Programm. Dieses kommt im Titel des Buches angemessen zum Ausdruck. „De optimo reipublicae statu deque nova insula Utopia". „Über den bestmöglichen Zustand des Gemeinwesens und über eine neuentdeckte Insel namens Utopia".

Der Titel ist dreigliedrig, und diese seine Form entspricht genau den drei Absichten, die den Verfasser geleitet haben. „Über den bestmöglichen Zustand des Gemeinwesens" soll gehandelt werden; das bedeutet, der Verfasser entwickelt eine moralisch-politische Idee. Unter einer Idee soll hier ein regulatives Prinzip verstanden werden, ein Grundsatz, aus dem Regeln für Verhaltensformen abgeleitet werden können. Vom bestmöglichen Zustand des Gemeinwesens reden heißt nicht einfach, diesen Zustand theoretisch beschreiben, sondern vielmehr, die Prinzipien desjenigen Verhaltens angeben, durch welches ein solcher Zustand herbeigeführt würde.

Aber der Verfasser entwickelt diese moralisch-politische Idee nicht dadurch, daß er in abstrakter Weise Normen aufstellt und begründet, sondern dadurch, daß er eine angeblich „neu entdeckte Insel" beschreibt. Das Gemeinte wird nicht in Begriffen definiert, sondern in Vorstellungen anschaulich geschildert.

Diese Insel aber heißt „Utopia", „Nirgendwo". Sie ist keine antreffbare Realität, hat keinen Platz auf irgendeiner unserer Landkarten. Und das ist kein Zufall. Denn die anschaulich geschilderten Zustände, die auf dieser angeblich neu entdeckten Insel herrschen, sind grundsätzlich verschieden von denen, die das Leben auf allen realen Territorien in unserer Erfahrungswelt bestimmen.

Schon hieraus wird erkennbar: Die Utopie hat mit der Idee gemein, daß sie der Erfahrungswelt korrektiv gegenübergestellt wird; mit der Tatsachenschilderung aber hat sie gemeinsam, daß sie nicht aus Begriffen abgeleitet, sondern anschaulich vor Augen gestellt wird. So hält sie die Mitte zwischen idealer Konstruktion und empirischer Deskription.

Der dreifache Titel läßt aber auch drei höchst unterschiedliche Quellen solchen Denkens erkennen.

Moralisch-politische Ideen vom bestmöglichen Zustand des Gemeinwesens zu entwickeln, ist eine alte Aufgabe, die die Philosophen sich immer wieder gestellt haben. Klassische Bedeutung hat jene Idealstaatskonstruktion erlangt, die Platon in seinem Buche „Über das Staatswesen" entwickelt. Anschaulich konkrete Beschreibungen von anderen Gemeinwesen, die man für besser hält als die, in denen man selber lebt, finden sich zur Entstehungszeit der „Utopia" in einer bestimmten Art von Reiseliteratur. Darin berichten Seefahrer und Kaufleute, wie es in fernen Ländern, die den Europäern bislang unbekannt geblieben sind, aussehe und zugehe. Diese Reiseliteratur hatte häufig kritische Funktion. Sie sollte zeigen, daß anderswo wirklich ist, was bei uns unmöglich wäre; und damit sollten gewisse vermeintliche Unabänderlichkeiten der eigenen Gesellschaft relativiert werden. Was bei uns ganz undenkbar erscheint, was deshalb bei uns auch gesellschaftlich nicht durchsetzbar ist, das ist anderswo längst Wirklichkeit und könnte, so ist die kritische Aussageabsicht, auch bei uns Wirklichkeit sein, wenn wir unsere vermeintlichen Selbstverständlichkeiten und Unabänderlichkeiten als das durchschauen wollten, was sie wirklich sind: als historisch-kulturell bedingte Vorurteile.
Wegen dieser kritischen Funktion konnten wahre Reiseberichte, ungeprüfte Seefahrererzählungen und bewußt erzeugte Fiktionen ineinander übergehen. Worauf es ankam, war immer nur dies, als wirklich und daher auch als möglich vor Augen zu stellen, was unter den Bedingungen, unter denen wir leben und denken, unmöglich erscheint.
In unserem Falle aber wird jene Insel, auf welcher der bestmögliche Zustand des Gemeinwesens herrscht, „Utopia" genannt. Sie liegt nirgendwo in dieser Welt. Und darin schwingt etwas von der spezifisch christlichen Erfahrung mit, daß diese unsere Welt, so wie sie ist, die Bedingungen nicht bereitstellt, innerhalb derer das beste Gemeinwesen möglich wäre. „Unser Bürgerverband ist im Himmel" (Phil. 3,20). Und für den Bringer des Heils, den die Christen vom Himmel her erwarten, ist damals, als er auf dieser Erde war, „keine Stelle in der Herberge" gewesen (bezeichnenderweise ist gerade diese Stelle aus der Weihnachtsgeschichte nach Lucas von der christlichen Frömmigkeit immer in einer

welt- und gesellschaftskritischen Bedeutung gelesen worden: sei es, um die „hartherzigen Bethlehemiten" zu beschuldigen, sei es, um sich kritisch in der eigenen Gesellschaft und Lebenswelt umzusehen, in der vermutlich auch kein Platz für den Erlöser gewesen wäre).
So verweisen die drei Glieder des Buchtitels auf drei Quellen: die griechische Idealstaatskonstruktion, die gesellschaftskritische Reiseliteratur der Renaissancezeit und die christliche Erfahrung davon, daß der beste Zustand des Gemeinwesens kein möglicher Zustand „dieser Welt"ist.

b. Das literarische Genus der „utopischen Erzählung"

Das Buch „Utopia" hat einer ganzen literarischen Gattung den Namen gegeben. Die Gattung der „Utopien" ist freilich älter als das Buch, nach welchem sie heißt. (Vgl. Ferdinand Seibt „Utopica", Düsseldorf 1972). Vor und nach Thomas Morus erfüllen diese Schriften eine dreifache Funktion.
Erstens wollen sie diejenigen Bedingungen bloßlegen, die „bei uns" unmöglich machen, was anderswo wirklich ist und also „an sich" möglich sein muß. Wenn aber das „bei uns" Unmögliche nicht „an sich" unmöglich ist, dann kann (Ernst Bloch würde sagen „mit utopischer Evidenz") gefordert werden, daß diejenigen Bedingungen beseitigt werden, die „bei uns" den besten Zustand des Gemeinwesens unmöglich machen. Ein Protest gegen die „Dummheit des Tatsächlichen", gegen diejenigen Kräfte, welche innerhalb der tatsächlichen Welt das Vernünftige verhindern, ist so die erste Funktion dieses literarischen Genus.
Damit aber ist eine zweite Funktion verknüpft: die Offenhaltung einer Hoffnung. Denn dasjenige, was bei dem vorfindlichen Zustand der Dinge unrealisierbar ist, kann möglich gemacht werden – freilich nur bei radikaler Veränderung des Bedingungsgefüges. Häufig, das sei nebenbei vermerkt, werden das Privateigentum und die Ehe dafür verantwortlich gemacht, daß „unter den bestehenden Verhältnissen" der beste Zustand des Gemeinwesens unmöglich ist. Dabei wird der schädliche Einfluß der Ehe vorwiegend darin gesucht, daß sie, wegen der Notwendigkeit der Familien-Vorsorge, den Erwerb von Privateigentum notwendig macht. Mögen es nun aber diese oder andere Gründe sein,

die für die faktische Unmöglichkeit des utopisch Geforderten verantwortlich gemacht werden: Jedenfalls ist die radikale Veränderung bestehender Verhältnisse der Preis, der bezahlt werden muß, wenn das Vernünftige möglich werden soll. Und häufig wird diese notwendige Veränderung so radikal gedacht, daß sie dem „Untergang dieser bestehenden Welt" gleichkommt.
Die dritte Funktion dieses literarischen Genus aber besteht darin, die Gemeinde derer zu sammeln, die in „dieser Welt" nicht eigentlich zu Hause sind, die in ihr Fremdlinge bleiben und heute schon als „Bürger der Welt von morgen" leben. Dies ist zunächst die Lesergemeinde, an die solche Schriften sich wenden. Der Verbreitungserfolg der Utopien beruht großenteils darauf, daß die Leser sich gegenseitig bestätigen: Das, was öffentlich in Geltung ist, ist für sie nicht das normativ Gültige; alle „Reiche dieser Welt" sind nicht ihre Heimat. Und die Heraufkunft ihres „Reichs" fällt mit dem Ende „dieser Welt" zusammen. Ferdinand Seibt hat überzeugend dargetan, daß deshalb die Mönchsgemeinden des hohen und späten Mittelalters die geeigneten Pflegestätten des utopischen Gedankens vor Thomas Morus gewesen sind.

c. Die gegenwärtige Aktualität des utopischen Gedankens

Die utopische Literatur, deren dreifache Funktion soeben geschildert wurde, hat in unserem Jahrhundert eine besondere Aktualisierung erfahren. Dies geschah durch die Verbindung des utopischen Gedankens mit der revolutionären Praxis.
Diese Verbindung hat nicht immer bestanden. Nicht immer waren Verfasser und Leser utopischer Romane auch Praktiker der Revolution, nicht einmal immer ihre Theoretiker. Aber die beiden Formen des Denkens und des Verhaltens zu dieser Welt haben viel miteinander gemeinsam.
Der utopische Gedanke ist seiner Gestalt nach positiv-beschreibend. Er schildert, wie der beste Zustand des Gemeinwesens aussehen würde. Aber in dieser positiv-beschreibenden Gestalt hat er negativ-destruierende Funktion. Er soll ja die Bürger unserer Gesellschaft dazu auffordern, mit dem Zustand ihres Gemeinwesens sich nicht abzufinden. In der literarischen Form der positiven Beschreibung eines

„anderen Gemeinwesens“ spricht also die Utopie über diese unsere Welt, wie sie ist, das Verwerfungsurteil aus.
Die revolutionäre Praxis scheint sich komplementär zu verhalten, gleichsam das Spiegelbild dieses utopischen Gedankens zu sein. Denn ihrer Gestalt nach ist diese Praxis negativ-destruierend. Der Revolutionär zerschlägt den Staat und die Gesellschaft in der Form, wie er sie vorfindet. Aber diese Zerschlagung hat, ihrer Absicht nach, eine positiv-freisetzende Funktion. Sie will beseitigen, was der Entstehung des besten Gemeinwesens im Wege steht. Man ist versucht, mit einer an biblischen Sprachgebrauch anklingenden Formulierung zu sagen: Der Revolutionär will das zerstören, was „unser Heil noch aufhält“; aber er tut das in der Hoffnung, daß dadurch das Beste auch „bei uns“ möglich wird.

Auf solche Weise verhalten sich utopischer Gedanke und revolutionäre Praxis komplementär zueinander. Und deshalb können sie sich auch miteinander verbinden. Gustav Landauer hat in seinem Buche „Die Revolution“ (erschienen 1907) den utopischen mit dem revolutionären Gedanken zu verbinden, dem utopischen Entwurf die Anleitung zu revolutionärer Praxis abzugewinnen versucht. Dabei kommt es ihm darauf an, dem utopischen Gedanken seine Radikalität zu wahren. Der bestmögliche Zustand des Gemeinwesens ist nicht nur in dem Sinne utopisch, daß er zum gegenwärtigen Zeitpunkt „nirgendwo“ auf dieser Welt verwirklicht ist, sondern auch in dem Sinne, daß er über alles hinausgeht, was jemals irgendwo verwirklicht werden kann. Jede Gestalt der Realverhältnisse, die an irgendeiner Raum- und Zeitstelle etabliert werden kann, nennt Landauer eine „Topie“ – er prägt so eine neue Vokabel, die den Gegensatz zur „Utopie“ ausdrücken soll. Darum ist es das Schicksal der Revolutionäre, daß sie den utopischen Entwurf in die Praxis übersetzen wollen, aber dabei immer nur eine neue „Topie“ hervorbringen. „Die Utopie ist also die zu ihrer Reinheit destillierte Gesamtheit von Bestrebungen, die in keinem Fall zu ihrem Ziele führen, sondern immer zu einer neuen Topie“ (Landauer: Die Revolution 13).
Die Treue zum utopischen Gedanken verlangt also, daß der Revolutionär sich mit den faktisch erreichbaren Ergebnissen

seiner Umgestaltung aller Verhältnisse niemals zufriedengibt. Das revolutionäre Potential des utopischen Gedankens muß wenigstens dadurch wirksam erhalten werden, daß die Erinnerung an die ursprüngliche Zielsetzung der Revolution ihr faktisch erreichtes und erreichbares Ergebnis kritisierbar macht. Diese Erinnerung ist potentiell praxisleitend, denn „Utopien sind immer nur scheintot, und bei einer Erschütterung ihres Sarges, der Topie, leben sie [. . .] wieder auf" (ibid. 15). So ermöglicht der utopische Gedanke die stets neue Revolution, die sich niemals mit den erreichten Verhältnissen, auch nicht denen, die aus der Revolution hervorgingen, zufriedengibt.

So entsteht die Frage, ob man, statt von vielen Revolutionen in der Geschichte zu sprechen, nicht besser von der „einen Revolution" sprechen müsse, deren einzelne Phasen die konkreten historisch beschreibbaren Revolutionen bilden. „Die Revolution in diesem Sinne ist nicht eine Zeitspanne oder Grenze", [zwischen zwei Staats-, Gesellschafts- oder Regierungsformen] „sondern ein Prinzip, das über weite Zeiträume hinweg [. . .] immer weiterschreitet" (ibid. 18). Landauer will diesen Gedanken zwar nicht allgemein auf die Geschichte aller Umwälzungen im Leben der ganzen Menschheit beziehen, wohl aber auf die Kette revolutionärer Umwälzungen in Europa seit der Reformation, also auf „die Revolution, die mit der sogenannten Reformationszeit begonnen hat" (ibid. 25). Später ist der Begriff der „permanenten Revolution" geprägt worden, der, wie bekannt ist, keineswegs nur auf die Neuzeit und noch weniger nur auf europäische Verhältnisse angewandt wird. Aus der Verknüpfung des utopischen Gedankens mit der revolutionären Praxis ergab sich insofern, über Landauer hinaus, ein politisches Programm, das von den „reinen Revolutionären" gegen die etablierten Herrschaftsverhältnisse nachrevolutionärer Staaten polemisch ins Spiel gebracht wird.

2. Die Neuprägung des utopischen Gedankens durch Ernst Bloch

Innerhalb jener speziellen Form, die der utopische Gedanke annimmt, wenn er zugleich als Anleitung zur revolutionären

Praxis verstanden wird, hat das utopische Denken durch die Art, wie Bloch den „Geist der Utopie“ versteht, noch einmal eine neue Gestalt erhalten. Die zentrale Aufgabe, die Bloch sich stellt, ergibt sich aus der Erfahrung, daß es den Theoretikern der Revolution so schwer gelingt, auch nur die eigene revolutionäre Gruppe so zu gestalten und zu organisieren, daß sie als die „Gemeinde“ der kommenden Welt mitten im alten Äon leben könnte. Aus dieser Erfahrung ergibt sich zunächst die Frage, warum die Konstitution dieser „Gemeinde“ wenigstens bisher nicht gelang. Auf diese Frage anwortet Bloch auf einer der ersten Seiten seines Werkes:

„Wir bringen der Gemeinde nicht mit, weswegen sie sein soll, und deshalb können wir sie nicht bilden. Wir haben Sehnsucht und kurzes Wissen, aber weniger Tat und, was das Fehlen miterklärt, keine Weite, keine Aussicht [. . .] keinen utopisch prinzipiellen Begriff“ (Geist der Utopie Urfassung 9). Der utopische Gedanke, der der „Gemeinde“ das Ziel vor Augen stellen soll, „weswegen sie sein soll“, hat nicht zur Klarheit des Begriffes gefunden; und wo eine Begriffsbildung versucht worden ist, ist sie nicht „prinzipiell“ genug, ja hat sie schon, um nur ja nicht „unrealistisch“ zu erscheinen, die Radikalität des Prinzipiellen preisgegeben und ihre Kompromisse mit dem Tatsächlichen gemacht.

Aber wie soll der „utopisch prinzipielle Begriff“ gefunden werden? „Diesen zu finden, das Rechte zu finden, um dessentwillen es sich ziemt zu leben, organisiert zu sein, Zeit zu haben, dazu gehen wir, bauen die phantastisch konstitutiven Wege, rufen wir, was nicht ist, bauen ins Blaue hinein, bauen uns ins Blaue hinein und suchen dort das Wahre, Wirkliche, wo das bloß Tatsächliche verschwindet – incipit vita nova“ (ibid.).

Wichtig an dieser Textstelle ist wiederum der Ausdruck absoluter Hoffnung. Die Wege, die sie zeigt, sind „phantastisch“, keineswegs an den Realitäten der Erfahrung orientiert, sondern durch schöpferische Einbildungskraft entworfen. Aber zugleich sind es die „konstitutiven Wege“, die nicht nach einem Ziel, das es irgendwo in Raum und Zeit schon gäbe, sich orientieren, sondern das Ziel erst „konstituieren“. Die Menschen, die auf diesen Weg gewiesen werden, erkennen die Tatsachenwelt nicht als Kriterium der Wahrheit oder Unwahrheit ihres Denkens an, sondern „suchen dort das Wahre, Wirkliche, wo das bloß Tatsächliche verschwindet". Darum erscheint das, was sie zustandebringen wollen, „ins Blaue hinein" gebaut. Aber nur so werden sie fähig, zu „rufen, was nicht ist" – ähnlich wie nach dem biblischen Schöpfungsbericht alle Kreatur durch göttlichen Zuruf geschaffen wurde. Aber nicht nur die Welt, die der utopische Revolutionär heraufführen will, ist noch nicht; auch die Revolutionäre selbst sind noch nicht die, die sein müßten, um die neue Welt hervorzubringen. Darum bauen sie sich nicht nur ein neues Haus, um darin zu wohnen, sondern „bauen sich selbst ins Blaue hinein". Auch ihre eigene wahre Wirklichkeit steht noch aus; und ihr Weg ist gerade darum „konstitutiv", weil auch sie selber erst wirklich werden, indem sie diesen Weg beschreiten.

Aber diese absolute Hoffnung muß nun – und das ist die spezifische Aufgabe, die Bloch sich stellt – in doppelter Weise abgegrenzt werden: gegen den tatenlosen Traum und gegen den programmlosen Aktivismus. Das aber kann nicht geschehen, wenn die absolute Hoffnung unvermittelt der Welt des Tatsächlichen gegenüber gestellt wird. Den Inhalt der absoluten Hoffnung mit dem Inhalt der Realitätserfahrung zu vermitteln: dies ist die neue Aufgabe, die gestellt werden muß, wenn die utopische Vernunft praktisch, d. h. zur Weltgestaltung tauglich werden soll. Drei Weisen dieser Vermittlung, wie Bloch sie versucht, seien im Folgenden dargestellt:

a. Theoretische Vermittlung

Theoretische Vermittlung von utopischem Trauminhalt und erfahrener Tatsächlichkeit muß geleistet werden, damit die Hoffnung „docta spes", „wohlbelehrte, wissende Hoffnung" werde. Diese Vermittlung aber geschieht, so ist Blochs zentrale These, durch den Begriff der Materie. Diesen Begriff hat Aristoteles definiert: Materie ist das Prinzip der reinen Potentialität; sie ist nicht abgeschlossene Form, sondern zukunftsoffene Möglichkeit. „In so zu begreifender Materie hat auch die Phänomenologie und Enzyklopädie der menschlichen Hoffnungsinhalte ihren vom bloßen menschlichen Bewußtsein unabhängigen Halt“ (Philosophische Grundfragen I; zur Ontologie des Noch-Nicht-Seins 31). Soll der utopische Gedanke aber am Materiebegriff seinen Halt gewinnen, dann ist es nötig, die Materie aus einer der „vier Ursachen“, die Aristoteles aufgezählt hat, in das eine, tragende Prinzip aller Wirklichkeit zu verwandeln. Sie empfängt ihre Form nicht von anderswo her, nicht von einem „Bildner“, der dabei irgendwelche „Ziele“ im Auge hätte; sie entwickelt vielmehr die Formen aus sich selbst. Das aber ist der Materiebegriff, den innerhalb der aristotelischen Schulen Avicenna geprägt hat. Diese Form des Aristotelismus, so meint Bloch, ist geeignet, den utopischen Gedanken mit einem angemessenen Verständnis der gegebenen Tatsachenwelt zu vermitteln. „Es ist genau der Möglichkeitsbegriff der [. . .] mit dem der Materie verbundene, welcher Utopie in Materie sehen läßt und umgekehrt – geeint nicht zuletzt in der revolutionären Funktion von Utopie und echtem Materialismus“ (ibid. 30). Eine solche Form des Aristotelismus kann, wegen ihrer Anwendbarkeit innerhalb einer Theorie der Revolution, „linker“ Aristotelismus heißen. Und so schreibt Bloch ein Buch mit dem befremdlich klingenden Titel „Avicenna und die aristotelische Linke“ (erschienen 1952).

b. Praktische Vermittlung

Wenn der Begriff der Materie als „reiner Möglichkeit“ eine theoretische Vermittlung zwischen dem utopischen Gedanken und der Erfahrung der „wirklichen Welt“ leistet, so ist damit noch nicht entschieden, auf welche Weise die absolute Hoffnung umgesetzt werden kann in Handlungsprogramme unter den Bedingungen „dieser“ Welt. Den geforderten Zusammenhang zwischen absoluter Hoffnung und konkreter gesellschaftlicher Praxis beschreibt Bloch nun auf eine überraschende Weise.

Er nimmt Bezug auf den aus dem Neuen Testament bekannten Gegensatz zwischen Zungenrednern und Propheten. „Wer in Zungen redet, der baut sich selber auf; wer aber prophetisch redet, der baut die Gemeinde Gottes auf“ (1 Kor. 14,4). Wichtig an dieser Stelle ist zunächst, daß die Redewendung „aufbauen“ ihren ursprünglichen Sinn nur dort bewahrt, wo die Gemeinde aufgebaut wird, wo also – im Hinblick auf Blochs Fragestellung gesprochen – nicht nur individuelle, sondern gesellschaftliche Praxis geschieht. „Die Erbaulichkeit", mit welcher der Zungenredner nur „sich selber aufbaut", hat ihren Namen zwar davon, daß sie in einer gewissen Analogie zum „Aufbau" der Gemeinde steht; aber sie trägt diesen Namen doch nur in einem übertragenen Sinne. (Es ist bezeichnend, daß im öffentlichen Sprachgebrauch der christlichen Gemeinden die Vokabel „Erbaulichkeit" zumeist jeden gemeindebezogenen Bedeutungsgehalt verloren hat). Weiterhin aber ist für Bloch die Beobachtung wichtig geworden, daß im Kontext der zitierten Stelle nicht nur von einem Gegensatz zwischen individuell sich selbst erbauenden Zungenrednern und gemeindebezogenen aufbauleistenden Propheten gesprochen wird, daß vielmehr die Propheten als die Übersetzer der Zungenrede eingeführt werden. Der Aufbau der Gemeinde kann also den Enthusiasmus derer nicht entbehren, die vom Geist getrieben Worte aussprechen, die nicht öffentlich verständlich sind. Aber aus solcher geistgewirkten Rede wird erst dann das aufbauende Wort, wenn es durch den Propheten so gedolmetscht wird, daß es der Gemeinde dienen kann.

Ebenso, meint nun Bloch, verhält sich die große Begeisterung der Utopiker zu den Praxis-Anweisungen der sozialen Praktiker. Der reine Utopiker schreitet, wie eine früher zitierte Textstelle sagte, in seinen „inneren Spiegel hinein [. . .] und in Explosion fliegt auf das Draußen" (Geist der Utopie, Urfassung 444 = 2. Aufl. 344). Er durchschreitet sozusagen den Innenraum seiner Seele in Richtung auf eine „metapsychische" Wirklichkeit hin. Die Praxis aber muß den Außenbereich des Physischen durchschreiten und insofern, die ganze physische Wirklichkeit hinter sich lassend, ihr Ziel im „Metaphysischen" finden. Nur so findet die „Seele" zur „Welt". „Und genau dieses, die Auslegung des ‚Zungenredens' zur ‚Weissagung', des meta*psychischen* zum sozial [. . .] meta*physischen* Wesen bezeichnet den Übergang zur Welt der Seele" (Geist der Utopie 296). Bloße Sozialpraxis ohne den „Geist der Utopie", der in den utopischen „Zungenrednern" zur Sprache kommt, entartet zur trivialen

Sozialtechnik. Nur „beim Übergang des Zungenredens in den unausgeführten [. . .] sozialen Teil eines ‚Weltsystems' [. . .] gerät das Erz der sozialen Welt doch gerade erst durch Einguß der Zielinvention in eine Gärung und einen Prozeß" (ibid.). Dieser Prozeß verwandelt die Praxis, denn nur als „übersetzte Zungenrede" ist das soziale Programm mehr als bloße Pragmatik. Wie der Prophet, so darf auch der Praktiker den Geist nicht auslöschen, ist es doch eben dieser „Einguß" des Geistes, der das „Erz" der Weltwirklichkeit in Gärung hält. Man nehme dem Marxismus die utopische Begeisterung, und er wird vulgärmarxistisch und trivial. Umgekehrt aber verändert diese Übersetzung auch den Gehalt des Zungenredens. Hier geschieht der Übergang von den utopischen Träumen „zum Problem eines Reichs der sittlichen Werte" (ibid.). Man nehme der utopischen Begeisterung die Anweisung zur sozialen Praxis, und sie wird zum unverbindlichen Traum. Die Utopie wird nur dann praktisch, aber die revolutionäre Praxis bleibt ihrerseits nur dann geisterfüllt, wenn die praktischen Programme der Revolutionäre sich als die „Übersetzung" des utopischen Traums verstehen.

Bloch versucht, die Vermittlung von absoluter Hoffnung und konkret-gesellschaftlichem Handlungsprogramm auch noch auf eine andere Weise zu beschreiben: durch den Hinweis auf die beiden Hauptwerke von Immanuel Kant, die „Kritik der reinen Vernunft" und die „Kritik der praktischen Vernunft". Kant hat in seinem ersten Werk – jedenfalls so, wie es geläufig verstanden wird – dem theoretischen Denken jeden Ausblick auf Gott, Freiheit und Unsterblichkeit verstellt. Ähnlich, so meint Bloch, bedeutet die marxistische Ideologiekritik das Ende aller theoretischen Metaphysik und beweist, daß Ideen immer dann schwärmerisch sind, wenn sie nicht „zu praktischem Gebrauche" dienen. Das „Kapital" von Karl Marx gleicht, durch sein Metaphysik-Verbot, der „Kritik der reinen Vernunft". Aber in praktischer Hinsicht gewinnen die Ideen bei Kant ihre „objektive Realität" zurück. Freilich sind sie nun nicht mehr Begriffe, durch welche eine bestehende Gegenstandswelt beschrieben werden könnte; sie bezeichnen vielmehr „Postulate", also Forderungen, die die praktische Vernunft aufstellt. In diesem Gebrauche aber wird Kants „Kritik der praktischen Vernunft“ zu einer neuen, freilich auf Praxis abzielenden Metaphysik. Auf marxistischer Seite ist zwar die Metaphysik-Kritik vollzogen; die Begründung einer neuen Metaphysik aber, so scheint es, steht noch aus. „Man kann darum sagen, daß gerade die scharfe Betonung aller (ökonomischen) determinierenden [...] Momente den Marxismus in die Nähe einer Kritik der reinen Vernunft rückt, zu der noch keine Kritik der praktischen Vernunft geschrieben worden ist“ (Geist der Utopie 2. Aufl. = WW 3, 204 f.).

Es ist so, so meint Bloch, außerordentlich nötig, diejenige „praktische Metaphysik“ noch zu schreiben, die der marxistischen Kritik aller theoretischen Metaphysik zugeordnet wäre. „Schließlich scheint es in diesen Tagen, wo das verzweifelte Abendrot Gottes schon genugsam in allen Dingen steht, kein besonderes philosophisches Verdienst, wenn der Marxismus atheistisch fix mit Status quo bleibt, um der Menschenseele nichts als einen mehr oder minder eudaimonistisch eingerichteten ‚Himmel‘ auf Erden zu setzen“ (ibid. 304).

c. Historische Vermittlung

Die theoretische Vermittlung zwischen absoluter Hoffnung und erfahrener Weltwirklichkeit geschieht durch den Begriff der Materie; die praktische Vermittlung zwischen dem utopischen Traum und den Bedingungen gesellschaftlichen Handelns geschieht durch eine neue postulatorische Metaphysik. Damit ist schon mitgesagt, daß Bloch das Erbe der europäischen theoretischen Philosophie, insbesondere der aristotelischen, und das Erbe der europäischen praktischen Philosophie, insbesondere in der Gestalt der kantischen Moral, nicht preisgeben will. Aber Metaphysik und Moral sind keineswegs die einzigen Erbgüter, die Bloch in das utopische Denken der Gegenwart und Zukunft hinüberretten möchte. Ob wir handeln oder versuchen, rein theoretisch zu denken: Wir können jedenfalls nicht so tun, als hätten wir keine Geschichte. So kommt es darauf an, die utopischen Zukunftsentwürfe auch mit der historischen Erinnerung zu vermitteln.

Dies geschieht dadurch, daß wir dem historischen Gedenken die „uneingelösten Verheißungen“ entnehmen, die uns auf ein kommendes Heil verweisen. Der utopische Gedanke wird dadurch beglaubigt, daß er diese Verheißungen zu neuer Aktualität erweckt. Wer seine Hoffnung verantworten will, darf seine Geschichte nicht vergessen. Aber das Erinnern, das diesem Vergessen entgegentritt, hat seine Bedeutung nur daraus, daß es Verheißung entdeckt, welche Zukunft eröffnet. „Vergessen ist Mangel an Treue, und wieder nicht einer Treue gegen Erloschenes, sondern gegen Unabgegoltenes [. . .] Auch in dieser Rückbesinnung auf den Kern und Anfang ist die Vorwegnahme das Organon jedes überhaupt nur – aussichtsreichen Erinnerns [. . .] Alpha kommt, statt durch Wiedererinnerung, erst durch Treue zum Ziel und als Novum hervor“ (ibid. 80).

Unter den Erinnerungen, in welchen unabgegoltene Verheißungen enthalten sind, haben die Inhalte religiöser Überlieferung einen besonderen Platz. „ ‚Meine Rechte soll verdorren, wenn ich dein vergesse, Jerusalem‘, so ein Psalmwort [. . . ist] keinesfalls nur erinnernd gemeint, es sei denn an ein ausstehendes Jerusalem erinnernd, das verheißen war und sich so mit dem Vorhandenen nicht abfindet“ (Atheismus im Christentum 83). Hier ist zugleich ausgesprochen, was die religiöse Erinnerung leisten soll: Sie soll uns daran hindern, uns mit der gegebenen Welt „abzufinden“, uns unzufrieden halten mit jedem erfahrbaren Weltzustand, hungrig nach einer anderen, besseren Welt, die wir um so gewisser erhoffen, je weniger die Sehnsucht nach ihr in allen erfahrbaren Zeiten erfüllt worden ist.

Dies nun leistet, so ist Blochs Meinung, keine Religion so vollkommen wie die biblische, deren erste, grundlegende Erinnerung die an den großen Exodus ist, den Auszug aus der wohlgefügten bestehenden Ordnung Ägyptens in die Wüste und durch sie hindurch in ein Land, das als das verheißene galt. Das „Erbe“, dem die Treue zu halten ist, ist insofern gerade ein Erbe an „Noch-Nicht“; und gerade das Ausstehen des Erhofften ist das, was in der Geschichte „nicht aufhört“, und was aus dem Gedächtnis nicht getilgt werden darf. Auch der Atheist muß solche „Religion im Erbe“ bewahren. „Statt [. . .] wegzuwerfen in Bausch und

Bogen, erst recht ohne wirklichen Pfeil und Bogen, statt gar die alten Ladenhüter kosmetisch ‚modern' anzumalen und zuzudecken, sollte erneut versucht werden, auf jenes Noch-Nicht auch biblisch zu hören, das selber nicht aufhört" (Atheismus im Christentum 32/33).

Erinnerung an dieses Erbe ist stets „subversiv", nämlich umstürzend gegenüber all dem, was sich in der gegebenen Welt allzu endgültig aufführt. Subversive Erinnerung aber ist jenes Erbe, das Bloch bewahrt wissen will, und dessen Bewahrung er auch der Theologie zur Aufgabe macht. Das ausgezeichnete Beispiel für ihn ist Thomas Münzer, der die Erinnerung an Jesus als subversive, d. h. den sozialrevolutionären Umsturz ermöglichende Erinnerung wachgehalten habe. Dies zu zeigen, ist die Aufgabe eines Buches, das Bloch unter dem Titel „Thomas Münzer als Theologe der Revolution" im Jahre 1921 veröffentlicht hat. Von diesem Buch her trägt alle „Theologie der Revolution", auch wenn sie erst drei bis vier Jahrzehnte später entwickelt wurde, ihren Namen.

d. Zusammenfassung

Die Vermittlung der absoluten Hoffnung mit der erfahrbaren Welt ist die zentrale Aufgabe, der Blochs Untersuchungen dienen. Die Lösungen, zu denen er gelangt, konnten hier nicht dargestellt werden. Aber an drei Buchtiteln konnte gezeigt werden, auf welchen Wegen Bloch zu einer Lösung zu gelangen versucht. „Avicenna und die aristotelische Linke": Es ist der Begriff der Materie als der „reinen Möglichkeit", durch welchen das utopische Bewußtsein im theoretischen Gebrauch sein objektives Korrelat in der wirklichen Welt gefunden hat. „Karl Marx [...] oder über die Weltwege, vermittelst derer das Inwendige auswendig und das Auswendige wie das Inwendige werden kann" (Überschrift des Schlußkapitels in „Geist der Utopie"): Der Sozialismus ist die prophetische „Übersetzung" des utopischen „Zungenredens" in die gemeinde-aufbauende Praxis und vermittelt so die absolute Hoffnung mit der konkret-gesellschaftlichen Handlungsfähigkeit. „Thomas Münzer als Theologe der Revolution": Die religiöse Erinnerung als Treue zu uneingelösten Verheißungen vermittelt jene Praxis, die der absoluten Zukunft dient, mit der Erinnerung an die Geschichte.

Dritter Teil:

Die christliche Eschatologie im Spannungsfeld des utopischen und des apokalyptischen Denkens

Nach dem doppelten Rückblick in die Geschichte der Religion (und die wechselnden Ausprägungen ihres konstitutiven Hoffnungsgehalts) sowie in die Geschichte des utopischen Gedankens (mit seiner gesellschaftskritischen und potentiell revolutionär-praktischen Funktion) kann der Gedankengang zu derjenigen Frage zurückkehren, die eingangs gestellt worden ist: Wie verhält sich der utopische Gedanke, insbesondere in der Form, die Ernst Bloch ihm gegeben hat, zu jener Heilserwartung und Heilsgewißheit, die für den christlichen Glauben konstitutiv ist?

1. Der Interpretations-Horizont: Utopie und Apokalyptik

Der doppelte historische Rückblick in die Geschichte der Religion und in die Geschichte des utopischen Gedankens hat für die Sachfrage, die hier zu entscheiden ist, den Horizont definiert; in diesen Horizont sind die beiden Größen „christliche Eschatologie" und „utopisches Denken in seiner Prägung durch Bloch" einzutragen, um miteinander verglichen werden zu können. Dabei hat sich gezeigt: a) Der unvermittelte Dualismus der Weltalter ist zum Vorbild der radikalen Utopik geworden. b) Die biblische Apokalyptik stellt bereits eine Korrektur dieses Dualismus dar, indem sie durch den Gedanken eines vorherbestimmten Heilsplans, der das Gericht zum Mittel der Gnade macht, zwischen „alter" und „neuer" Welt vermittelt; sie wurde, so kann hinzugefügt werden, dadurch zum Vorbild der dialektischen Geschichtstheorien. c) Blochs Verständnis der Hoffnung gibt sich weder mit einer unvermittelten Antithese von Hoffnungsinhalt und Tatsachenerfahrung zufrieden, noch meint die so verstandene Hoffnung, die neue Welt gehe als notwendiges Produkt einer dialektisch-gesetzmäßigen Entwicklung aus der alten hervor. d) Gerade in dieser doppelten Abgrenzung gegen eine rein dualistische Utopie und gegen eine rein apokalyptische (einen festgelegten Heilsplan als „Entwicklungsgesetz der Welt" voraussetzende) Dialektik liegen diejenigen Momente der Philosophie Ernst Blochs, die erwarten lassen, daß ein Vergleich mit der christlichen Eschatologie möglich sein wird.

a. Religiöser Dualismus und philosophische Utopik

Die Antithese der Weltalter hat, so zeigte sich, zur Folge, daß die gegebene Tatsachenwelt als diejenige gilt, die Wert ist, zugrunde zu gehen. Ihre Vernichtung, nicht ihre evolutive Entfaltung, bringt die „kommende Welt" herauf. Darum verbindet die radikale Form des utopischen Denkens, vor allem wo dieses sich als Anweisung zur revolutionären Praxis versteht, sich mühelos mit der dualistischen Form religiöser Hoffnung. Ja, dieses utopische Denken kann sich auf den religiösen Dualismus als sein Vorbild und seine religiöse Legitimation berufen. Solcher Dualismus, so hat sich gezeigt, bestimmt eher die Religion Persiens, als die biblische Verkündigung. Aber es kann versucht werden, auch die Bibel dualistisch zu interpretieren. Dann wird der Schöpfung „dieser alten Welt" das zukünftige Heil als die „neue Welt" antithesisch gegenübergestellt. Ein Kapitel in Blochs Buch „Atheismus im Christentum" ist überschrieben „Konträre Prinzipien in der Bibel: Schöpfung und Apokalypse" (Atheismus im Christentum 59) und Bloch fügt die beiden Programmworte hinzu, in denen seiner Meinung nach diese Prinzipien zum Ausdruck kommen „und siehe, es war sehr gut" – „siehe, ich mache alles neu" (ibid). Der Schöpfergott ist mit seiner alten Welt zufrieden, der Gott der Zukunft aber, so meint Bloch, läßt zugunsten des Neuen das Alte so sehr vergehen, „daß man des Früheren nicht mehr gedenken soll" (Jes 65,17).
Der Dualismus von Schöpfung und Heil erzeugt aus sich heraus den Dualismus von Natur und Geschichte. Denn die Natur ist durch ihre Ursprünge definiert, die Geschichte aber auf Zukunft hin offen. Auch dieser Dualismus kommt dem utopischen Denken entgegen. Denn dieses will „statt der Statik ‚Natur' das Eschaton ‚Reich' " (Atheismus im Christentum 297). Ziel der Geschichte aber ist dabei nicht die Vollendung, sondern die Beseitigung der Natur. „Zwei-

fellos nimmt die vorhandene Natur einen Platz ein, an den sie selber nicht hingehört" (ibid. 301).
Und dieser Dualismus von Natur (die den Untergang verdient) und Geschichte (die in eine offene Zukunft führt) verlangt den Dualismus von Leib und Seele. Mit unserem Leibe sind wir zweifellos ein Stück Natur, und mit dem Untergang der Natur wird auch der Leib notwendig vernichtet. Ernst Bloch hat sich in seinen späteren Werken gescheut, diese Konsequenz auszusprechen – vermutlich weil er den materialistischen Ansatz seiner „docta spes" nicht gefährden wollte. Im Frühwerk aber spricht er den Leib-Seele-Dualismus ungeschützt aus. „Wir tragen einen Leib, der lächerlich an uns ist, ein noch brennendes Leichenwachs" (Geist der Utopie Urfassung 418). „Das Ziel dieses Kampfes ist es allerdings, daß der Wegnahme der physischen Welt dereinst mit rein gewordenen Seelen [. . .] begegnet werde" (ibid. 442). Diese Reinigung der Seelen durch Wegnahme der physischen Welt entspricht durchaus dem Versinken der Natur zugunsten des Reichs. Bloch fügt deswegen hinzu „[. . .] mit dem Stichwort jenes Heiligen Geistes, der an sich schon dieses beständig ins Physische sinkende Sechstagewerk so völlig verschwinden lassen möchte, daß man für die Bösen wie für den Satan nicht einmal einen Leichenstein, geschweige denn ein Hölle braucht" (ibid.).
Der utopische Gedanke orientiert sich in solcher Weise am dualistischen Verständnis der religiösen Hoffnung. Wer aber dafür Texte der Bibel in Anspruch nimmt, hat diese immer schon im Lichte eines dualistischen Vorverständnisses gelesen. Es ist bezeichnend, daß im Verlauf der Kirchengeschichte diese Interpretation zuerst von einem antiken Theologen versucht wurde, der deutlich unter dem Einfluß persischer Religionsvorstellungen stand – und daß Bloch dies weiß. Es handelt sich um Marcion. Dieser aber nahm, wie Bloch mit Recht bemerkt, „ganz heftigen Anschluß [. . .] an den alten, zu seiner Zeit erneuerten Dualismus der altpersischen Religion" (Atheismus im Christentum 239).
Marcions Antithese von bösem Schöpfergott und gutem Heilsgott ist überall dort wirksam, wo die Bibel für einen unvermittelten Dualismus der Weltalter und damit für einen revolutionären Utopismus in Anspruch genommen wird.

„ ‚Antitheseis' hieß [. . .] das verlorengegangene [. . .] Buch Marcions. Und es richtet sich gegen alles, was das blühende wie das verderbliche Leben in dieser Welt angeht [. . .] Mißwachs alles, von seinem geglaubten Schöpfer her, unserem leiblichen Vater; und er ist grausam, gerecht, gnadenlos" (Atheismus im Christentum 237/238). Und Bloch pflichtet bei. „Ein Prinzip, welches in die so vorhandene Welt hereinführt, [kann] nicht auch das Prinzip sein [. . .], welches aus so vorhandener Welt auch leitend herausführt" (ibid. 61) „die ‚Schöpfung' der Welt kommt aus dem Ens imperfectissimum, nicht aus einem [. . .] Ens perfectissimum" (Philosophische Grundfragen I,80).

b. Apokalyptische Vermittlung und dialektisches Entwicklungsgesetz

Die biblische Apokalyptik, so hat sich gezeigt, hat zwar mit dem persischen Dualismus die Antithese der „alten" und der „neuen Welt" gemeinsam. Aber sie läßt diesen Gegensatz nicht unvermittelt stehen. Sie beharrt vielmehr, im Gegensatz zum Antagonismus des „guten" und des „bösen Prinzips", auf der Einzigkeit des Gottes, der „Licht und Finsternis schafft". Seine Alleinursächlichkeit aber erweist sich gerade in jenem Zusammenhang der Zeitalter, der die Abfolge der Epochen einem umfassenden Plane einfügt und sich in der Erfüllung alter Verheißungen „vor dem Angesichte aller Völker offenbaren wird". Aber nicht nur Verheißungs*worte* erfüllen sich in späterer Zeit; auch die Ereignisse selbst haben den Charakter von Verheißungen, die erst in kommenden, ja in endzeitlichen Ereignissen ihre Erfüllung finden. Die Gestalt der alten Welt ist selber die uneingelöste Verheißung der neuen. Historisches Gedenken schließt so die Treue zur Hoffnung ein. Und sogar das erfahrene Unheil, das als „Gericht" gedeutet wird, steht verborgenerweise im Dienste des kommenden Heils, das als „Gnade" geschenkt wird.

Die Identität des einen Gottes der Schöpfung und der Vollendung, das Verhältnis von Verheißung und Erfüllung und die verborgene Gnadenbedeutung des Gerichtes sind die drei Momente, durch die in der apokalyptischen Geschichtsdeutung die „alte Welt" und die „kommende Welt" miteinander verknüpft sind, so daß selbst die Erschaffung „eines neuen Himmels und einer neuen Erde“ den einen umfassenden Weltplan erfüllt, den der eine, alleinursächliche Gott schon bei seiner „ersten Schöpfung“ intendiert hat.

Diese Geschichtsauffassung ist, wie gezeigt werden könnte, zum Vorbild aller „dialektischen Geschichtstheorien“ geworden. Die theologische Lehre von der Sünde und dem Gericht als einem verborgenen Mittel von Gnade und Heil („selige Schuld“) kehrt in den dialektischen Geschichtstheorien wieder als die philosophische Lehre von der „vorantreibenden Kraft des Negativen“ und von einem Prozeß, der das „Aufgehobene“, d. h. das Überwundene, zugleich in dem Sinne „aufhebt“, daß es in der kommenden Weltgestalt aufbewahrt, ja sogar auf eine höhere Stufe gehoben wird. (So ist das Gesetz das „Nein“ zum bloß sinnlichen Trieb und hebt ihn doch, in der Gestalt der „Freude am Gesetz“ auf eine höhere Ebene empor; entsprechend ist das Evangelium das „Nein“ zum Gesetz und doch zugleich des Gesetzes Erfüllung. Nicht umsonst sind für Hegel diese beiden Verhältnisse von Natur und Gesetz, von Gesetz und Evangelium die ausgezeichneten Beispiele für „vorantreibende Negation“ und für die „Aufhebung“ als Überwindung, Bewahrung und Emporhebung zugleich).

Weil aber die Negation ihre unentbehrliche, vorantreibende Bedeutung im Geschichtsprozeß hat, und weil nichts von dem, was überwunden wird, verlorengeht (wird es doch stets zugleich „aufgehoben“), darum ist auch in den dialektischen Geschichtsdeutungen alles, was war, Verheißung dessen, was kommen wird. Freilich wird erst vom Ende her rückschauend offenbar, was mit den Ereignissen im Gang der Geschichte intendiert gewesen ist. Dann aber wird sich zeigen, daß die Menschen auch dann, wenn sie nur ihre egoistischen Ziele verfolgten, ohne ihr Wissen und Wollen dem umfassenden Geschichtsplan einer höheren Vernunft gedient haben (ähnlich wie sich erst am Ende der Tage auch im Angesichte der Heiden zeigen wird, daß der Tempelzerstörer Nebukadnezar die „Zuchtrute Gottes“, der Perserkönig Kyrus aber der „Gesalbte des Herrn“ gewesen ist). Eben dann aber wird sich auch zeigen, daß die scheinbare Regellosigkeit der historischen Zufälle in Wahrheit von einem gemeinsamen „Prinzip“ beherrscht und darum je schon zur Einheit eines umfassenden „Systems“ zusammengefügt ist. Die Identität des Prinzips, das Verhältnis von Verheißung und Erfüllung und die verborgene positive Funktion aller erfahrbaren Negativität in der Welt: das sind die drei Momente, durch die in den dialektischen Geschichtstheorien die „alte“ mit der „neuen“ und schließlich mit der „vollendeten Welt“ zusammengefügt erscheint.

c. Blochs Hoffnung zwischen Utopik und Dialektik – und der christliche Glaube?

Ernst Bloch, so hat sich gezeigt, gibt sich mit dem unvermittelten Dualismus von alter und neuer Welt nicht zufrieden, so radikal er auch ihren Gegensatz betont: Sonst könnte er nicht die Geschichte im Erbe bewahren und das Gewesene als unabgegoltene Verheißung begreifen wollen. „Vergessen ist [. . .] Mangel an Treue, und wiederum nicht einer Treue gegen Erloschenes sondern gegen Unabgegoltenes“ (Grundfragen der Philosophie I,79). Erinnerung und Erwartung sind unauflöslich miteinander verknüpft. „Keine Erinnerung, auch nicht die kleinste, kommt ohne eine an ihr weiterlaufende Erwartung in Gang [. . .] Erinnert wird einzig, was für uns und [. . .] auch für sich noch nicht fertig geworden ist“ (ibid. 77).

Aber Bloch beruft sich auch nicht auf ein dialektisches Gesetz, das den Verlauf der Geschichte unbeirrbar beherrschen und ihr gutes Ende mit Notwendigkeit garantieren würde. „Die subjektive Hoffnung, mit der gehofft wird, ist ihrer sicher und gewiß, auch wenn das von ihr Bezeichnete, also die objektive Hoffnung, als welche inhaltlich gehofft wird, bestenfalls nur wahrscheinlich sein kann [. . .] sonst wäre die Zuversicht der hoffenden Hoffnung, statt mutig und, wie so oft, aufrecht-paradox zu sein, lediglich trivial [. . .]. Gerade weil rechte Hoffnung in der Welt via Welt geht und mit deren objektivem Prozeß vermittelt arbeitet, steht sie mitsamt diesem Prozeß in einem Wagnis [. . .] in offener Geschichte, als dem Feld objektiv-realer Entscheidung. Das ist die Kategorie der Gefahr oder der objektiven Ungarantiertheit auch der vermittelten, der docta spes“ (Das Prinzip Hoffnung 1623/1624). Es ist gerade dieses Moment der

Ungarantiertheit, das Bloch allen Versuchen, die Geschichte auf ihr dialektisches Gesetz zu bringen, entgegenhält. „Philosophie bewährt sich [. . .] als Mut zu jener Ungarantiertheit, die Hoffnung genau an die Front setzt" (ibid. 1625).

Gerade darin aber, daß Blochs Hoffnung sich nicht mit der unvermittelten Antithese zufriedengibt, ebenso wenig jedoch die neue Welt als ein Produkt dialektisch gesetzmäßiger Entwicklung aus der alten Welt hervorgehen sieht, scheint seine Hoffnung mit der christlichen vergleichbar. Die Differenzen zwischen beiden Arten der Hoffnung werden gerade auf dem Hintergrunde dieser Gemeinsamkeit deutlich zu machen sein.

2. *Die christliche Botschaft auf dem Hintergrund von Utopie und Apokalyptik*

Utopisch-dualistische und apokalyptisch-dialektische Zukunftserwartung bilden den Hintergrund, vor dem nicht nur Blochs Hoffnungsverständnis, sondern auch die christliche Heilserwartung sich so abhebt, daß ihre charakteristische Eigenart deutlicher zutage tritt. Nun kann es gewiß nicht die Aufgabe des Religionsphilosophen sein, „das Unterscheidend Christliche" zu bestimmen. Das ist eine Angelegenheit der biblischen wie der systematischen Theologie. Aber es mag erlaubt sein, in diesem Zusammenhang auf einige Sachverhalte hinzuweisen, die, wenn ich recht sehe, theologisch unstrittig sind, die jedoch dazu dienen können, Kriterien zur Beantwortung der hier erörterten Frage zu finden.

a. Jesu Wort und Jesu Tod

Jesus hat in seiner Predigt den Anbruch der kommenden Welt präsentisch angesagt. „Erfüllt ist die Zeit, genaht das Reich Gottes, kehret um und glaubet der Frohen Botschaft" (Mk 1,15). Andererseits bewies sein Tod die Fortdauer des alten Äon und die ungebrochene Macht der Finsternis. So sagt Jesus im Lucasevangelium zu denen, die ihn gefangennehmen: „Dies ist eure Stunde und die Macht der Finsternis" (Lk 22,53). Da jedoch die Gemeinde der Jünger, trotz der Fortdauer des alten Äon, auf keinen anderen Heilbringer zu warten hat als auf den, der schon gekommen ist, zerbricht das Bekenntnis zum Gekreuzigten jenes eindeutige Nacheinander der Weltalter, das für die Apokalyptik bestimmend war. An die Stelle dieser eindeutigen Chronologie tritt nun das paradoxe „Zugleich“ von „Schon“ und „Noch nicht“. Das Endheil, auf das die christliche Hoffnung sich richtet, ist schon gewirkt und künftig zugleich. Darum sind, wie immer dieses Verhältnis in neutestamentlichen Texten oder in der christlichen Theologie bestimmt werden mag, „präsentische“ und „futurische“ Eschatologie nicht voneinander zu trennen.

b. Das Todesurteil über Jesus als „Gericht über die Welt“

Das Kreuz Jesu macht deutlich, daß der Bringer des Heils im Urteil dieser Welt stets der „Verurteilte“ ist. Aber in diesem Todesurteil hat sich die Welt, so interpretiert es der christliche Glaube, ihr eigenes Urteil gesprochen. Zunächst nämlich enthüllt das Urteil über Jesus, wie es um diese Welt bestellt ist. Sie ist so, daß in ihr der, der das Heil bringt, zu Tode kommt; *in ihr,* unter den Bedingungen „dieses Äon“, ist das Heil unmöglich; in ihr werden immer wieder die Zeugen des Heils gehaßt und getötet werden. Zugleich aber hat das Leben Jesu gezeigt, daß dieses Heil *an sich* nichts Unmögliches ist. So wird offenbar, daß „diese Welt“ vergehen muß, wenn das Endheil nicht endgültig unmöglich bleiben soll. Eine Heilshoffnung, die angesichts des Kreuzes nicht fiktiv werden soll, muß insofern „utopisch“ werden, d. h. sie muß mit der Feststellung, daß das Heil in dieser Welt „keinen Ort hat“, die Forderung verbinden, daß diese Welt vergehe. Die Erinnerung an das Kreuz Jesu nähert sich insofern jener subversiven Erinnerung, von der bei Bloch die Rede war: Sie leitet uns dazu an, uns mit dieser Welt, wie sie ist, nicht abzufinden; sie will das Leben und Sterben Jesu nicht vergessen, weil sie der uneingelösten Verheißung, die darin enthalten ist, die Treue wahrt.
Aber das Kreuz ist nicht nur in dem Sinn Gericht über die Welt, daß es ihren Unheilszustand offenkundig macht und daher *uns* ermächtigt, das rechte Urteil über sie zu sprechen.

Das Kreuz ist zugleich das Urteil, das über diese Welt *gesprochen ist,* auch wenn wir es nicht sprechen. Und wenn die Gemeinde die Botschaft vom Gericht verschweigen sollte, so wird der Geist Gottes selbst „die Welt überführen, daß es eine Sünde, eine Gerechtigkeit und ein Gericht gibt: die Sünde, weil sie nicht an mich glauben, der Gerechtigkeit, weil ich zum Vater gehe und ihr mich nicht mehr seht, das Gericht aber, weil der Fürst dieser Welt schon gerichtet ist" (Joh 16,8–11).

Aber das Kreuz Jesu als das „Gericht über diese Welt" scheidet nicht zwischen den Gerechten, deren Heilsansprüche bestätigt werden, und den Sündern, die die Folgen ihres Unrechts zu tragen haben. Es ist Gericht über alle und Gnade für alle zugleich. „Da ist kein Unterschied: Wir alle haben gesündigt und sind der Herrlichkeit Gottes beraubt, und sind gerecht gemacht umsonst durch seine Gnade, vermittels der Reinigung, die in Jesus geschehen ist" (Röm 3,23–24). Die Hoffnung, die sich an das Gericht über diese Welt knüpft, ist die Hoffnung auf die „Rechtfertigung des Sünders" und unterscheidet sich dadurch von jener „postulatorischen Hoffnung der Gerechten", die das Heil als eigenes Verdienst und zugleich den Untergang dieser „bösen Welt" zu „fordern" hätten.

Was soeben „postulatorische Hoffnung der Gerechten" genannt wurde, ist jedoch charakteristisch für den revolutionären Utopismus, dessen Anhänger sich selbst gegenüber „dieser bösen Welt" im Recht befindlich wissen und darum nicht auf Gnade hoffen, sondern selber Werkzeuge und Vollstrecker des Gerichts über diese Welt sein wollen. Wer daher den utopischen Gedanken und seine postulatorische Hoffnung zum Interpretament für eine Kreuzestheologie machen will, muß nicht nur jede „Satisfaktionstheologie" verwerfen, sondern die gesamte paulinische Hoffnungsbotschaft von der Rechtfertigung des Sünders und mit ihr alles, was im paulinischen Sinne „Evangelium" heißt.

c. Das Kreuz Jesu im Licht der Auferstehung – Verheißung und Erfüllung zugleich

Die Auferstehung Jesu wird nicht als ein Ereignis solcher Art geglaubt, daß es seinen Tod rückgängig machen oder auch zu einer „Episode von drei Tagen" relativieren würde. Vielmehr legt die Auferstehung Jesu das Kreuzesereignis als Heilsereignis aus, das nun in seiner „Notwendigkeit" offenbar wird. Die Hervorhebung dieser Notwendigkeit ist mit der Auferstehungsbotschaft wesentlich verbunden. So sprechen bei Lucas die Engel zu den Frauen am Grabe: „Was sucht ihr den Lebenden unter den Toten? Er ist nicht hier, er ist auferweckt worden. Erinnert euch, was er zu euch gesagt hat, als er noch in Galiläa war. Da sagte er vom Menschensohn, *es sei notwendig,* daß er in die Hände sündiger Menschen ausgeliefert und gekreuzigt würde und am dritten Tage auferstehe" (Lk 24,5–7). Ähnlich belehrt der „Fremde" die Jünger auf dem Wege nach Emmaus „War es nicht nötig, daß der Christus all dies leide und so in seine Herrlichkeit eingehe? " (Lk 24,26). Wie an diesen Textstellen die Hervorhebung der „Notwendigkeit" unmittelbar mit der Auferstehungsbotschaft verknüpft wird, so bei Marcus mit dem Christusbekenntnis. „Da antwortete Petrus ‚Du bist der Christus'. Und er ermahnte sie, niemandem davon etwas zu sagen, und begann sie zu lehren, *es sei notwendig,* daß der Menschensohn viel leiden müsse. Er müsse verurteilt werden von den Ältesten und Hohenpriestern und Schriftgelehrten, müsse getötet werden und nach drei Tagen auferstehen" (Mk 8,29–31). Aber nicht nur Jesu eigene Vorhersage, wie sie in den Evangelien berichtet wird, geht im Leiden und Sterben in Erfüllung, sondern auch und vor allem die Verkündigung der Propheten. „Das alles geschah, damit erfüllt würden die Schriften der Propheten" (Mt 26,54). „Täglich war ich bei euch lehrend im Tempel, und ihr habt mich nicht ergriffen. Aber dies geschieht, damit die Schriften erfüllt werden" (Mk 14,49). Auferstehungsbotschaft und Christusbekenntnis werden also nur dann richtig verstanden, wenn in ihrem Lichte das Leiden und Sterben Jesu als „notwendig" für seine Herrlichkeit und das Heil der Menschen, als „Erfüllung" aller Verheißungen verstanden werden.

Aber diese Erfüllung wird ihrerseits zur Verheißung für den, der mit der Todeswirklichkeit Jesu verbunden ist und sich deshalb auch für das kommende Leben mit ihm verbunden weiß. „Wenn wir nämlich mitverwachsen sind mit der Gestaltgleichheit seines Todes, so werden wir es auch sein mit seiner Auferstehung" (Röm 5,5). „Mitgestorben mit Christus glaubten wir, daß wir auch mit ihm leben werden" (Röm 5,8).

In solcher Kreuzestheologie kehrt jenes Deutungsschema von Verheißung und Erfüllung wieder, durch das die Apokalyptik den unvermittelten Dualismus der Weltalter korrigiert und überwunden hat. Aber das Verhältnis von Verheißung und Erfüllung hat sich nun verwandelt. Im Kreuzestod Jesu ist jede Verheißung *zugleich* schon erfüllt und für die Zukunft offengehalten. Was als zukünftig noch aussteht, fällt zusammen mit dem, *was* schon gewirkt ist; und *der* als zukünftig erwartet wird, ist identisch mit dem, der schon dagewesen ist. Darum sprechen im lukanischen Himmelfahrtsbericht die Engel zu den Jüngern: „Eben dieser Jesus, der von euch weggenommen worden ist in den Himmel, der wird wiederkommen, auf die gleiche Weise, wie ihr ihn habt aufbrechen sehen in den Himmel" (Apg 1,11).

d. Der Typus der christlichen Hoffnung: Gedenken als Danksagung

Durch das Zugleich von Verheißung und Erfüllung ist die Antithese von „alter" und „neuer Welt" nicht nur apokalyptisch vermittelt, sondern eschatologisch aufgehoben. Daraus aber ergibt sich, so meine ich, zugleich ein Kriterium, welches die christliche Hoffnung von der utopischen, auch in Blochs Prägung, unterscheidet. Der Unterschied betrifft das Verhältnis der Hoffnung zur Erinnerung. Die „postulatorische Hoffnung", welche „fordert", daß das Heil als Erfüllung menschlichen Anspruchs wenn schon nicht sogleich, so doch „endlich am Ende" sich einstellt, kennt Erinnerung nur als die „subversive Erinnerung", die auf die Vernichtung der alten, bestehenden Welt gerichtet ist. Christliche Hoffnung auf das Heil als noch offene Zukunft ist begründet in der Erinnerung als Danksagung für das Heil, das unwiderruflich und unüberbietbar schon gewirkt ist. Utopische Hoffnung muß alles, was wurde und ist, in seiner Gewordenheit verwerfen und kann es bestenfalls als bloßen Vor-Schein dessen gelten lassen, was schlechthin noch nicht ist. Darum ist der Utopiker unfähig, zu danken. Und es ist die Frage, was aus einer christlichen Theologie wird, die sich ausschließlich an solcher utopischen Hoffnung orientiert. Eingangs wurde ein Kriterium gesucht, um die Frage zu entscheiden, ob und inwieweit Blochs utopisches Denken als Interpretament christlicher Heilshoffnung dienen kann. Ein solches Kriterium, so scheint es, läßt sich nun formulieren. Jede Gestalt der Hoffnung, sie mache im übrigen von utopischen oder apokalyptischen Momenten Gebrauch, erweist sich nur in dem Maße als christlich, in welchem ihre „Memoria" den Charakter der „Eucharistia" gewinnt und bewahrt.

Literaturhinweise

1. Quellen

Thomas Morus: De optimo reipublicae statu deque nova insula Utopia 1515 (bzw. 1516 und 1517) deutsch u. a. in: Klaus J. Heinisch (Hrsg.) Der utopische Staat, Rowohlt 1968
Gustav Landauer: Die Revolution, 1917
Ernst Bloch: Geist der Utopie, Urfassung 1918 (= WW 16)
Das Prinzip Hoffnung (= WW 5–6)
Atheismus im Christentum (= WW 14)
Thomas Münzer als Theologe der Revolution 1921
Avicenna und die Aristotelische Linke, 1952 (in: WW 7)
Philosophische Grundfragen I; zur Ontologie des Noch-Nicht-Seins 1961 (in: WW 13)
Jürgen Moltmann: Theologie der Hoffnung, 1964
Jürgen Moltmann (Hrsg.): Religion im Erbe, 1967

2. Literatur

Ferdinand Kerstien: Die Hoffnungsstruktur des Glaubens, 1969
Ferdinand Seibt: Utopica, 1972
Heino Sonnemans: Hoffnung ohne Gott? 1972
Gerhard Schmitt: Philosophie zwischen Heilsgewißheit und Revolution (Dissertation an der Kath./Theol. Abteilung in Bochum) 1974.

LOTHAR RUPPERT

Gottes befreiendes Handeln in der Geschichtstheologie des Alten Testamentes

1. Heilshoffnung – Kreuzestheologie und moderne Utopien aus alttestamentlicher Sicht

Inwieweit kann das alttestamentliche Zeugnis zur Thematik des Kontaktstudiums etwas beitragen? Selbstverständlich Wesentliches zum Thema „Heilshoffnung", verheißt das Alte Testament doch Israel und über Israel den Völkern das Heil von Jahwe seinem Gott. Es sei nur an die große Segensverheißung Jahwes für Abraham an zentraler Stelle des jahwistischen Geschichtswerkes erinnert: „Ich werde dich zu einem großen Volk machen, dich segnen und deinen Namen groß machen, so daß du ein Segen bist. Ich will segnen, die dich segnen, wer dich aber verwünscht, den will ich verfluchen, so daß durch dich Segen erlangen können alle Geschlechter der Erde" (Gen 12,2 f.)[1]. So ist das jahwistische Werk, ja darüber hinaus das ganze Alte Testament eine große Segensverheißung, die letztlich über den alttestamentlichen Bereich hinausweist, da sie in ihm keine adäquate Erfüllung findet[2]. Nach dem Zeugnis des Neuen Testamentes, vor allem des Paulus, ist diese große Heilsverheißung in und durch Christus, *dem* verheißenen Nachkommen Abrahams (vgl. Gal 3,16), ans Ziel gekommen. – Kreuzestheologie hingegen scheint dem Alten Testament fremd zu sein, allerdings nicht so fremd, wie man zunächst annehmen möchte. Es sei hier nicht nur auf den leidenden Gottesknecht bei Deuterojesaja (Jes 52,13–53,12) verwiesen, sondern auch auf die vornehmlich von dem gleichen

[1] Vgl. *J. Schreiner*, Segen für die Völker in der Verheißung an die Väter, in: BZ N.F. 6 (1962) 1–31.

[2] Vgl. hierzu *G. v. Rad*, Theologie des Alten Testaments. Bd. II: Die Theologie der prophetischen Überlieferungen Israels, München [5]1968, 380–412.

Propheten betonte Leidensgeschichte Israels[3]. – Was schließlich moderne Utopien anbelangt, so stellen sie nicht zum geringsten Teil Entwürfe säkularisierter Heilshoffnung alttestamentlicher Propheten und der Apokalyptik dar. Man denke nur etwa an den bekannten marxistischen Philosophen Ernst Bloch[4], der ganz bewußt alttestamentliche Vorstellungen aufgreift und seinerseits christliche Theologie beeinflußt hat. – Es wäre gewiß reizvoll, all diesen alttestamentlichen Verwurzelungen nachzugehen, dies würde allerdings den Rahmen eines Referates sprengen. Das Thema sei deshalb auf den erstgenannten Problemkreis, auf die Heilshoffnung, beschränkt.

2. Jahwe, Israels Gott, als Gott der Geschichte

Der Fromme des alttestamentlichen Gottesvolkes erwartete das Heil für Israel wie für sich selbst nicht von einem blinden Schicksal, sondern allein von Jahwe, dem Gott Israels. Jahwe aber handelt nach Israels Glauben nicht wie ein *deus ex machina* der griechischen Tragödie, sondern als der Gott der Geschichte in der und durch die Geschichte[5], wobei man freilich Geschichte nicht mit der nach außen zutage liegenden Historie identifizieren darf[6]. Man spricht deshalb

---

[3] Verschiedentlich wird unter dem leidenden Gottesknecht bei Deuterojesaja überhaupt Israel verstanden, so z. B. von *O. Kaiser*, Der Königliche Knecht. Eine traditionsgeschichtlich-exegetische Studie über die Ebed-Jahwe-Lieder bei Deuterojesaja, Göttingen ²1962.

[4] Vgl. *E. Bloch*, Atheismus im Christentum. Zur Religion des Exodus und des Reichs (= Gesamtausgabe Bd. 14), Frankfurt a. M. 1968.

[5] Vgl. *L. Ruppert*, Jahwe, Israels Gott als Gott der Geschichte, in: *K. Hemmerle* (Hrsg.), Die Botschaft von Gott, Freiburg-Basel-Wien 1974, 94–111.

[6] Man darf die Heilsgeschichte als die von Israel geglaubte und bezeugte Geschichte (von Jahwe her) weder allzu stark kerygmatisieren, d. h. vom tatsächlichen geschichtlichen Verlauf völlig ablösen noch sie einerseits auf Profan- und Religionsgeschichte reduzieren und andererseits in punktuelles ungeschichtliches „Heilsgeschehen" auflösen.

in der Theologie von Heilsgeschichte. Zwar ist dieser Begriff in der modernen Wissenschaft vom Alten Testament nicht mehr unumstritten. Jedoch auch der schärfste Kritiker, Franz Hesse, muß einräumen, daß der Terminus inhaltlich wenigstens auf das jahwistische Werk voll und ganz zutrifft[7]. Die Heilshoffnung Israels ist also in gleicher Weise personal, d. h. auf den Gott der Offenbarung bezogen, wie geschichtsorientiert. So soll denn im folgenden Gottes Heilshandeln in der Geschichtstheologie des Alten Testamentes nachgegangen werden.

3. Jahwes Urheilstat – die Herausführung aus Ägypten

Wenn wir das Alte Testament nach der Heilstat Jahwes schlechthin befragen wollen, brauchen wir nicht lange zu suchen; denn, so schreibt M. Noth[8], „daß Jahwe, der Gott Israels, derjenige sei, ‚der Israel aus Ägypten herausgeführt hat', ist einer der elementarsten und der am häufigsten wiederholten Glaubenssätze im Alten Testament". So findet sich denn auch im Mittelpunkt des sogenannten kleinen geschichtlichen Credos (Dt 26,5–9) der inhaltsschwere Satz: „Jahwe führte uns mit starker Hand und ausgestrecktem Arm, unter großen Schrecken, unter Zeichen und Wundern aus Ägypten heraus" (Dt 26,8). Wenn der Sohn seinen Vater nach der Bedeutung der Satzungen des Gottesrechtes fragt, soll ihm dieser von jenem Urereignis der israelitischen Geschichte erzählen (vgl. Dt 6,20–23). So hat denn auch die Aussage von der Herausführung Israels aus Ägypten in der Gesetzesproklamation ihren Sitz; es sei nur an die göttliche Selbstvorstellungsformel[9] in der Einleitung des Dekalogs erinnert (Ex 20,2 = Dt 5,6). Vor allem aber wurde Israel nicht müde, im Kult Jahwe deswegen in Hymnen zu preisen

---

[7] Vgl. *F. Hesse*, Abschied von der Heilsgeschichte, Zürich 1971, 20–23.

[8] Überlieferungsgeschichte des Pentateuch, Stuttgart 1948, 50.

[9] Vgl. *W. Zimmerli*, Ich bin Jahwe, in: *Ders.*, Gottes Offenbarung, München 1963, 11–40.

(vgl. Ps 114,1–5; 135,8 f.; 136,10–15). „Wir haben es bei der ‚Herausführung aus Ägypten' ", so M. Noth[10] „mit einem . . . *Urbekenntnis Israels* zu tun und zugleich mit der *Keimzelle der ganzen* großen späteren *Pentateuchüberlieferung.*" Kein Wunder, daß auch die prophetische Verkündigung immer wieder auf dieses Urbekenntnis zu sprechen kommt und Jahwe bei Hosea als „Israels Gott vom Lande Ägypten her" erscheint: „Ich, Jahwe, bin dein Gott vom Lande Ägypten her. Einen Gott außer mir kennst du nicht, es gibt keinen Helfer außer mir" (Hos 13,4). Damit hat Hosea nicht nur den traditions-, sondern auch den religionsgeschichtlichen Sachverhalt haargenau getroffen[11].

Was besagt nun das später in den Auszugsberichten entfaltete Urbekenntnis Israels konkret? Sinnvollerweise befragt man dazu erst einmal die einschlägigen formelhaften Aussagen. In ihnen werden alternativ zwei Verben für die Herausführung Israels aus Ägypten gebraucht, denen die alttestamentliche Wissenschaft besonderes Augenmerk zugewandt hat: das Verb *herausführen* (hebr. jāṣā' im Kausativstamm) und das Verb *heraufführen* (hebr. ^{c}ālā[h] ebenfalls im Kausativstamm). Man hat einen Unterschied zwischen beiden Termini herauszuarbeiten versucht. Die Aussage „Jahwe hat Israel aus Ägypten *heraus*geführt" sei, und zwar von Anfang an, im Sinne einer Befreiung des Volkes aus ägyptischer Knechtschaft verstanden worden, während der Satz „Jahwe hat Israel aus Ägypten *herauf*geführt" auf den Weg Israels aus dem tiefer gelegenen Ägypten ins höher gelegene Kanaan zurückblicke[12]. Der erstere Fachausdruck „*heraus*führen" entstamme priesterlicher Auszugstradition, der letztere „*herauf*führen" dagegen prophetischer Überlieferung vornehmlich des Nordreichs[13]. Bei genauerer

---

10 Überlieferungsgeschichte 52.

11 Vgl. hierzu meinen oben (Anm. 5) zitierten Aufsatz, 97–99.

12 So etwa *P. Humbert* in seinem Aufsatz: Dieu fait sortir. Hiphil de yāṣā, in: ThZ 18 (1962) 357–361. 433–436.

13 So *H. Lubsczyk*, Der Auszug Israels aus Ägypten. Seine theologische Bedeutung in prophetischer und priesterlicher Überlieferung, Leipzig 1963.

Prüfung erweisen sich freilich all diese Unterscheidungen mehr oder weniger als willkürlich. Am meisten noch hat die Auffassung für sich, im Terminus „*herauf*führen" werde auf Israels Weg von Ägypten nach Kanaan angespielt. Jedoch auch hier darf man den „geographischen" Aspekt nicht überbetonen; denn immer ist Jahwe, d. h. Gott, Subjekt, so daß die Aussage primär theologisch denn geographisch zu verstehen ist. Jahwe ist es, kein anderer, der Israel ziehen läßt, es sicher *herauf*führt, d. h. es sich in der Wüste nicht selbst überläßt, sondern es in „das gute und weite Land" (Ex 3,8, vgl. Dt 26,9) führt, das Land, in dem seine, Jahwes, Nähe erfahren werden kann. Dieses heilvolle Handeln Jahwes an Israel und nicht Israels Weg von Ägypten nach Kanaan als solcher ist gemeint. – Gewiß wird in deuteronomisch-deuteronomistischen Texten die Aussage, daß Jahwe Israel aus Ägypten *heraus*geführt hat, durch den bekannten Zusatz „aus dem Sklavenhaus" konkretisiert (Dt 5,6 = Ex 20,2). Damit wird der Akzent eindeutig auf Befreiung, Befreiung aus Knechtschaft gelegt. Jedoch erscheint es aufgrund der neuesten und detailliertesten Untersuchung der Herausführungsformel durch Walter Groß[14] mehr als zweifelhaft, ob dem Terminus *herausführen* diese eminent theologische Qualität in der Sakraltradition Israels von Anfang an eignete. Dies gilt selbst für die von Erich Zenger als Königsprädikation verstandene Prädikation Jahwes als „Gott, der es" (d. h. Israel) – bzw.: „sie" – „aus Ägypten herausgeführt hat" (*'el môṣî'ô* bzw. *môṣî'ām mimmiṣrājim*)[15]. Da diese Prädikation an zwei Stellen, jedoch schwerlich unabhängig voneinander, in den Bileamsprüchen (Num 23,22; 24,8) begegnet, kann man zudem nicht von einer Formel, sondern nur von einer – freilich recht alten – „geprägten Wendung" sprechen[16]. Immerhin wird in dieser

[14] Die Herausführungsformel – Zum Verständnis von Formel und Syntax, in: ZAW 86 (1974) 425–453.

[15] *E. Zenger*, Funktion und Sinn der ältesten Herausführungsformel, in: XVII. Deutscher Orientalistentag – ZDMG, Supplementa I, Wiesbaden 1969, 334–342.

[16] Vgl. *Groß*, a.a.O. 435.

Wendung Jahwe seit der grundlegenden Herausführungstat als Vorkämpfer Israels verstanden: „Jahwe, der es aus Ägypten geführt hat, ist ihm wie des Wildochsen Hörner“ (Num 24,8a). D. h. was Jahwe damals beim Auszug für Israel getan hat, das tut er fortwährend für sein Volk in heiligen Kriegen gegen eine Übermacht von Feinden (vgl. Ri 5). Wenn in der Wendung auch nicht unbedingt – wie Zenger meint – das Element „Herausführung aus Gefangenschaft“ enthalten ist, so doch wenigstens der Gedanke „Bewahrung in der Freiheit“.

Über die Bedeutung der einschlägigen Verben hinaus sind Struktur und Kontext der Herausführungsformel für ihre Bedeutung von Interesse. Es würde hier gewiß zu weit führen, auf die von Walter Groß herausdestillierten neun verschiedenen Herausführungsformeln einzugehen. Immerhin ist aber folgendes interessant: Mit Ausnahme der einen Formel „Jahwe hat die Söhne Israels (bzw.: uns) aus dem Lande Ägypten heraufgeführt“ sind alle Formeln, die von einem Heraus- bzw. Herauf*führen* – nicht Heraus- bzw. Herauf*ziehen* – Israels aus Ägypten sprechen, als Gottesrede formuliert. Dies trifft vor allem für die bekannte, von Groß mit Nr. 1 belegte Formel zu: „Ich bin Jahwe, dein Gott, der ich dich aus dem Lande Ägypten, dem Sklavenhaus, herausgeführt habe“ (Ex 20,2 = Dt 5,6), sowie „Ich bin Jahwe, dein Gott, der dich aus dem Lande Ägypten heraufgeführt hat“ (Ps 81,11, vgl. Jos 24,17). Es handelt sich hier also nicht um Bekenntnisformulierungen, sondern jeweils um einen Ausspruch Jahwes, und zwar in Verbindung mit der göttlichen Selbstvorstellung als Einleitung von Gesetzestexten, im Falle der erstgenannten Formel: der Zehn Gebote. Natürlich dient der Hinweis auf die Herausführung zunächst der Selbstidentifizierung Jahwes: Der Gott, der Israel mit seinen Geboten in Pflicht nimmt, ist kein anderer als derjenige, der – so jedenfalls in der der dt./dtr. erweiterten Formel – es aus der ägyptischen Knechtschaft befreit hat. Man kann diesen Zusammenhang jedoch über das Formale hinaus auch inhaltlich werten: So gesehen motiviert die Befreiung Israels durch Jahwe geradezu seine Inpflichtnahme durch denselben Jahwe. Jahwe hat Israel also durch seine Herausführungstat keineswegs in eine totale Freiheit entlassen, sondern es vielmehr dadurch freigemacht für einen neuen Dienst, eben für den Dienst vor seinem Gott. Andere Stellen werten die Tatsache der Herausführung Israels aus Ägypten übrigens ganz ähnlich, wenn sie davon sprechen, daß Jahwe sich Israel „erworben" hat (*qānā[h]*)[17], daß er es „ausgelöst", (*gā'al*)[18] „losgekauft" (*pādā[h]*)[19], „erwählt" hat (*bāḥar*)[20] oder „erkannt" hat (*jāda^c*)[21]. Die Urheilstat Jahwes für Israel hat für dieses Volk somit Konsequenzen. Die älteren Propheten betonen diese Verantwortlichkeit Israels zur Genüge, wenn sie die Herausführungsformel normalerweise in ihrer Gerichtspredigt verwenden. Diese Schriftzeugnisse sollten vor einer verkürzten, weil allzu eindimensionalen Spielart der bekannten Theologie der Befreiung warnen.

Freilich hat die Rede von der Herausführung Israels aus Ägypten auch noch eine weitere Funktion: *die Verherrlichung Jahwes* vor Israel wie vor den Völkern. Dies wird z. B. an den etwa im kleinen geschichtlichen Credo der Herausführungsformel angehängten Zusätzen deutlich: „mit starker Hand und ausgestrecktem Arm, unter großen Schrecken, unter Zeichen und Wundern" (Dt 26,8). Dies trifft in gleicher Weise auf den Bericht von der Errettung am Schilfmeer zu, auf welche die genannten Zusätze ja in erster Linie anspielen dürften. So findet das Volk durch dies Geschehen zur Furcht vor und zum Glauben an Jahwe, sowie zum Glauben an Mose, Jahwes Knecht (Ex 14,31). Hier ist auch die Sicht des Exodusgeschehens bei dem Exilspropheten Deuterojesaja mitzuerwähnen, die in anderem Zusammenhang noch näher zu würdigen ist.

---

17 Vgl. Ps 74,2; 78,54; vielleicht auch: Ex 15,16; Dt 32,6.

18 Vgl. Ex 6,6 (P); 15,13; Ps 74,2; 77,16; 106,10.

19 Vgl. Dt 7,8; 9,26; 13,6; 15,15; 21,8; 24,18; 2 Sam 7,23; Neh 1,10; Ps 78,42; Mich 6,4.

20 Vgl. Dt 4,37; Ez 20,5, soweit der Auszug Israels aus Ägypten mit gemeint ist.

21 Am 3,2, wo jedoch nicht ganz sicher ist, ob Amos die Exodustradition im Auge hat.

4. Jahwes Urheilstat als Modell für Jahwes weiteres rettendes Handeln

Jahwes Urheilstat an Israel beim Auszug aus Ägypten sollte in der Folgezeit in den Augen des Volkes wie des einzelnen beispielhaft für Jahwes Geschichtshandeln werden. Wie nämlich Israel sich von Jahwe aus Ägypten herausgeführt und dadurch aus der Gewalt der Ägypter *errettet* wußte (hebr. *nāṣal*, vgl. Ex 6,6 P; 18,8 ff. JE), so wußte sich auch das Volk der Richterzeit, jedenfalls nach deuteronomistischer Darstellung immer wieder von Jahwe in heiligen Kriegen[22] aus Feindbedrängnis *errettet* (vgl. Ri 6,9; 8,34 mit Ri 5). Auf die Institution der heiligen Kriege oder besser: Jahwekriege[23] dürfte auch die zur Leichtfertigkeit verführende Heilserwartung des Volkes zurückgehen, die den sogenannten *Tag Jahwes*[24] zum Inhalt hatte[25]. Vor allem der davidische König verstand das ihm widerfahrene Heilshandeln Jahwes als rettende Herausführung: So charakterisiert er Jahwe als den, „der ihn“ wörtlich: „aus meinen Feinden *herausgeführt* hat“, d. h. aus der Gewalt seiner Feinde (2 Sam 22,49); möglicherweise wird hier auf das in den Bileamsprüchen belegte Jahwe-Epitheton „El/Gott, der es aus Ägypten herausgeführt hat“ angespielt (Num 23,22; 24,8). Jahwe hat den König, wie der königliche Beter des gleichen Psalms (V. 20) bekennt, „ins Weite hinausgeführt“. Wie der König, so bittet bzw. vertraut später auch der einzelne Fromme in Israel, daß Jahwe ihn aus seiner Bedrängnis *herausführt* (Ps 25,17, vgl. 107,28) bzw. seinen Fuß aus dem Netz *herausführt* (Ps 25,15, vgl. 31,5). Wie sein Volk so kann Jahwe auch seine Frommen *aus der Gefangenschaft*

---

[22] Vgl. *G. v. Rad*, Der Heilige Krieg im alten Israel, Göttingen ⁴1965.

[23] Vgl. *R. Smend*, Jahwekrieg und Stämmebund, Göttingen 1963.

[24] Nach *S. Herrmann*, Die prophetischen Heilserwartungen im Alten Testament, Stuttgart 1964, 122, handelt es sich hierbei nicht eigentlich um einen eschatologischen Begriff, sondern vielmehr um das Machtpotential Jahwes, dessen Entfaltung man herbeisehnte.

[25] Vgl. *E. Jenni*, in: Theologisches Handwörterbuch zum Alten Testament. Bd. I, München-Zürich 1971, 725 f.

herausführen (Ps 68,7; 107,14; 142,8). Ja, mitunter weiß sich der schwerkranke Beter schon von Jahwe *aus dem Tod* bzw. *der Scheol errettet* (hebr. *nāṣal* vgl. Ps 56,14; 86,13)[26]. Und wie Jahwe nach deuteronomischer Tradition Israel von Ägypten *erlöst* (wörtl.: losgekauft) hat (hebr. *pādā[h]*, vgl. Dt 7,8; 9,26; 13,6 u. ö.), so hofft der fromme Beter, daß Jahwe sogar im oder nach dem Tode seine Person (hebr. *näfäš*) aus der Gewalt der Scheol *erlösen* werde (Ps 49,16, vgl. 73,24)[27]. Bevor wir uns jedoch der erst in spätalttestementlicher Zeit, in der Apokalyptik aufbrechenden individuellen Heilshoffnung zuwenden, soll zunächst das Notwendigste zu den prophetischen Heilserwartungen für Israel gesagt werden.

5. Jahwes neues Heilshandeln an den Verbannten seines Volkes in der Botschaft der Exilspropheten

Man sollte meinen, die beiden nationalen Katastrophen von 722/21 und 587/86 v. Chr. hätten jegliche Hoffnung auf Heil, ja sogar den Glauben an Jahwe selbst als den – wie sein Name sagt – „der sich (dauernd als Helfer) erweist“[28] bzw. „für (Israel) da ist“ (Ex 3,14 E)[29], zunichte machen müssen; waren doch nicht nur beide aus dem davidischen Großreich hervorgegangenen israelitischen Staatswesen verschwunden, sondern auch darüber hinaus die führenden Bevölkerungsschichten von den Erobererstaaten (Assur und Babel) in die Verbannung verschleppt worden. Wie Jeremia[30] und die deuteronomistischen Kreise[31] erkannten, war diese Katastrophe zudem zu Recht, nämlich als Strafe

---

[26] Vgl. hierzu *Chr. Barth*, Die Errettung vom Tode in den individuellen Klage- und Dankliedern des Alten Testaments, Zollikon 1947.

[27] Zum Entrückungsmotiv, speziell zu Ps 49,16, vgl. *A. Schmitt*, Entrückung – Aufnahme – Himmelfahrt. Untersuchungen zu einem Vorstellungsbereich im Alten Testament, Stuttgart 1973, 193–252.

[28] Vgl. *W. v. Soden*, Jahwe „Er ist, Er erweist sich“, in: Die Welt des Orients 3/3 (1966), 177–187.

[29] Vgl. *A. Deissler*, Die Grundbotschaft des Alten Testaments, Freiburg-Basel-Wien [2]1973, 50.

[30] Vgl. Jer 7,13–15; 26,4–6.

[31] Vgl. Dt 29,21–27; Jos 23,12–16; 2 Kön 17,7–23; Neh 9,26–31.

Jahwes selbst für den wiederholten Abfall bzw. Bundesbruch des Volkes erfolgt. Wenn das Volk dennoch an Jahwe als dem Gott des Heiles festhielt, dann ist dies vornehmlich dem Wirken der exilischen Schriftpropheten zu verdanken. Hatten die vorexilischen Schriftpropheten in der Hauptsache Jahwes Gericht anzukündigen, so konnten die Propheten der Exilszeit dem Volk wieder Jahwes befreiendes Handeln, Jahwes Heil in Aussicht stellen.

So verheißt *Jeremia* den Verbannten des Nordreichs gut hundert Jahre nach der Katastrophe von 722/21 v. Chr. in seinem Trostbüchlein (Jer 30 f.)[32]:

> Und du fürchte dich nicht, mein Knecht Jakob,
> Spruch Jahwes, und erschrick nicht, Israel,
> und siehe, ich errette dich aus der Ferne
> und deine Nachkommen aus dem Land ihrer Gefangenschaft,
> und Jakob wird wiederum ruhig wohnen und sicher und ungestört sein (Jer 30,10).

> Höret das Wort Jahwes, ihr Völker: verkündet es an den fernsten Gestaden:
> „der Israel zerstreut hat, sammelt es und hütet es wie ein Hirt seine Herde".
> Denn Jahwe befreit Jakob und erlöst ihn aus der Hand des ihm Überlegenen (Jer 31,10 f.).

Schon der unter den judäischen Verbannten in Babel wirkende Prophet *Ezechiel* beschreibt das bevorstehende Heilshandeln Jahwes an seinem Volk in Farben der Exodus- und Wüstenzugtradition[33]:

So wahr ich lebe, spricht der Herr Jahwe, mit starker Hand und ausgerecktem Arm und ausgeschüttetem Grimm will ich König sein über euch und will euch aus den Völkern herausführen und aus den (Heiden-)Ländern, dahin ihr zerstreut worden seid, mit starker Hand und ausgerecktem Arm und ausgeschüttetem Grimm sammeln und will euch in die Wüste der Völker bringen und mich dort mit euch von Angesicht zu Angesicht ins Gericht stellen. Wie ich mich mit euren

---

[32] Die Jeremiazitate sind der Übersetzung von *W. Rudolph* (Jeremia, Tübingen ³1968) entnommen, der a.a.O. 188 f. auch für die Echtheit der wesentlichen Teile des Trostbüchleins (Jer 30 f.) eintritt.

[33] Das Zitat ist der Übersetzung von *W. Zimmerli* (Ezechiel, Neukirchen-Vluyn 1969, z. St.) entnommen.

Vätern in der Wüse des Landes Ägypten ins Gericht gestellt habe, so stelle ich mich mit euch ins Gericht, spricht der Herr Jahwe, und lasse euch unter dem Stabe durchgehen und ‚zähle euch genau ab' und scheide die Empörer, und die mit abtrünnig wurden, von euch aus. Aus dem Lande ihrer Fremdlingschaft führe ich sie heraus, aber ins Land Israels sollen sie nicht hineinkommen. Und ihr sollt erkennen, daß ich Jahwe bin. Ihr aber, Haus Israel, so hat der Herr Jahwe gesprochen: ‚Werfet' ein jeder seine Götzen weg . . . und entweiht meinen heiligen Namen nicht mehr mit euren Gaben und mit euren Götzen. Denn auf meinem heiligen Berge, dem hohen Berge Israels, spricht der Herr Jahwe, dort wird das ganze Haus Israel insgesamt mir dienen (im Lande). Dort werde ich sie wohlgefällig annehmen, und dort werde ich eure Abgaben und eure Erstlingsdarbringungen, all eure heiligen Gaben einfordern. Beim lieblichen Opferduft will ich euch wohlgefällig annehmen, wenn ich euch aus den Völkern herausführe und euch aus den (Heiden-)Ländern, in die ihr zerstreut worden seid, sammle, und will mich an euch als der Heilige erweisen vor den Augen der Völker. Und ihr werdet erkennen, daß ich Jahwe bin, wenn ich euch ins Land Israels bringe, in das Land, das ich euren Vätern mit erhobener Hand zugeschworen habe (Ez 20,33–42).

In noch großartigeren Bildern malt etwas später *Deuterojesaja* die Heimführung der Exulanten aus Babel als zweiten Auszug aus Ägypten und Wüstenzug aus[34]:

Weichet, weichet! Zieht aus von dort!
Unreines berührt nicht!
Zieht aus aus ihrer Mitte, reinigt euch,
die ihr tragt die Geräte Jahwes!
Denn nicht in Hast sollt ihr ausziehen,
und fluchtartig nicht fortgehen;
denn vor euch her geht Jahwe,
und euren Zug beschließt der Gott Israels (Jes 52,11 f.).

Zieht aus von Babel! Eilt fort von den Chaldäern!
Kündet mit jubelnder Stimme,
laßt dieses hören,
laßt es ausgehen bis ans Ende der Erde, sprecht:
Erlöst hat Jahwe seinen Knecht Jakob.
Durch Wüsten führt er sie, doch sie leiden nicht Durst.
Wasser vom Felsen läßt er ihnen rinnen.
Er spaltet den Fels, und es strömen die Wasser (Jes 48,20 f.).

---

[34] Die Zitate aus Deuterojesaja sind der Übersetzung von *Cl. Westermann* (Das Buch Jesaja. Kapitel 40–66, Göttingen 1966, z. St.) entnommen.

Der erste Auszug mit seinen Wundern muß gegenüber dem vom Propheten in Bälde erwarteten Auszug verblassen; denn so verkündet er:

> So spricht Jahwe,
> der im Meer einen Weg macht
> und im starken Wasser einen Pfad,
> der Wagen und Roß herausführt,
> Streitmacht, Gewaltige dazu.
> Da liegen sie, stehen nicht mehr auf,
> verlöschen, verglimmen wie ein Docht!
> Denkt nicht mehr an das Frühere,
> achtet nicht auf das Vergangene!
> Siehe: ich schaffe Neues,
> jetzt sproßt es –, ihr werdet es merken!
> Ja, ich lege einen Weg in die Wüste,
> in die Einöde Flüsse (Jes 43,16–19).

Was gab den genannten Propheten nun die Gewißheit, daß Jahwe solches vollbringen wird, vollbringen kann? Für *Jeremia* ist es Jahwes erbarmende Liebe zu seinem Volk; denn Jahwe spricht: „Mit ewiger Liebe hab ich dich geliebt, darum hab ich dir die Huld bewahrt" (Jer 31,3).
Für *Ezechiel* ist es Jahwes Bestreben, sich vor Israel und den Heidenvölkern als Jahwe zu erweisen, der sein Volk aus der Verbannung herausführen kann, wie er selbst es zur Strafe hat zerstreut werden lassen; jedenfalls läßt der zitierte Abschnitt dieses Motiv deutlich erkennen. Letztlich ist Jahwes Selbstheiligung der Beweggrund. *Deuterojesaja* knüpft demgegenüber wieder eher bei Überlegungen nach Jeremias Art an. Jahwe kann Zion noch weniger vergessen als eine Frau ihr Kindlein (vgl. Jes 49,15). Jerusalems Schuld ist abgezahlt; es hat im Frondienst zu Babel Zwiefaches von Jahwe empfangen für seine Sünden (vgl. Jes 40,2). Jahwe ist nicht nur willens, sondern auch in der Lage, die angekündigte wunderbare Rettungstat zu vollbringen; denn er ist nicht nur Israels Gott, sondern auch Israels Schöpfer (Jes 43, 1.7.15 u. ö.), ja darüber hinaus: Israels Rettergott und der Weltschöpfer und Weltenherr sind identisch (vgl. Jes 40,12–31). So hat bei Deuterojesaja Israels Erlösungsglaube nicht nur seine letzte Absicherung, sondern auch seine tiefste Begründung erfahren.

6. Von der Erwartung nationalen, messianischen Heils der nachexilischen Prophetie zur endzeitlichen, kosmischen Heilshoffnung der Apokalyptik

Die zitierten Heilsweissagungen von Jeremia, Ezechiel und Deuterojesaja künden Jahwes befreiendes Handeln durchaus noch dem Gottesvolk als solchem an. Allerdings stellt Ezechiel, der Prediger der individuellen Verantwortung vor Gott, in dem zitierten Text nur denjenigen Gliedern des Hauses Israel die Heimführung in das den Vätern zugeschworene Land in Aussicht, die im Gericht vor ihm bestehen können (vgl. Ez 20,35–42). Das Heilshandeln Jahwes selbst spielt sich aber noch ganz im Raum der Geschichte ab. Angesichts der Diskrepanz zwischen den Heilsankündigungen vorab Deuterojesajas, aber auch Ezechiels und seiner Schule, und ihrer bescheidenen, wenn nicht gar armselig zu nennenden Erfüllung in den ärmlichen Verhältnissen der ersten Heimkehrergeneration mußte sich die Frage nach dem so bestimmt verheißenen Heil Jahwes neu stellen. Die Propheten *Haggai* und *Sacharja* erwarteten seine Verwirklichung in der Neuerrichtung des davidischen Königtums (vgl. Hag 2,23; Sach 3,8; 4,14; 6,9–15); jedoch blieb die Erfüllung ihrer Verheißung aus.

Nachdem schon Deuterojesaja den Erlösungsglauben aufs engste mit dem Schöpfungsglauben verbunden hatte, sahen seine geistigen Schüler die Vollendung des göttlichen Heils nun nicht mehr so sehr in neuen Geschichtstaten Jahwes als in der *Vollendung der Geschichte* und nicht zuletzt *der Schöpfung* selber (vgl. Jes 65,16b–25). Fast unmerklich nähert sich die spätnachexilische Prophetie der Apokalyptik[35]: Die Verfasser der großen und kleinen Apokalypse im Jesajabuch (Jes 24–27; 34 f.) kündigen ihren Lesern das große Weltgericht an, das unter kosmischen Katastrophen den Untergang der Sünder und das endzeitliche Heil der

---

[35] Vgl. hierzu *P. von der Osten-Sacken*, Die Apokalyptik in ihrem Verhältnis zur Prophetie und Weisheit, München 1969, der sich kritisch mit der Herleitung der Apokalyptik aus der Weisheit bei *G. v. Rad*, Theologie des Alten Testaments. Bd. II (s. o. Anm. 2) 315–338, auseinandersetzt.

Gerechten unter dem als König auf dem Zion erscheinenden Jahwe besiegelt (vgl. Jes 24). Das endzeitliche Heil wird als Fest geschildert, das Jahwe für alle Völker auf dem Zion veranstalten wird (Jes 25,6 f.); die nationale Schranke der Heilshoffnung Israels ist damit gefallen. Selbst der Tod soll in der Endzeit für immer vernichtet werden (Jes 25,8, vgl. Jes 65,20).

Während der Religionsverfolgung des syrischen Königs Antiochus IV. Epiphanes, als unter den Juden Palästinas eine große Scheidung, eine Abfallsbewegung, aber auch eine Sammlungsbewegung von Glaubenstreuen in der Gemeinschaft der friedlichen Asidäer und der kämpferischen Makkabäeranhänger einsetzte und nicht wenige für den Glauben Blutzeugnis ablegten (vgl. 1 Makk 1,41–64; 2 Makk 6 f.), konnte sich die spätprophetische Naherwartung endzeitlichen Gerichtes und endzeitlichen Heiles nur steigern. Die Verfolgungs- und Schreckenszeit unter dem Syrerkönig mußte als die Periode endzeitlicher Drangsal erscheinen, der das endzeitliche Heil gleichsam auf dem Fuße folgen sollte. Ja, es schien so nahe zu sein, daß der Apokalyptiker die Zeit bis zu seinem Anbrechen zuerst auf 1290, später auf 1335 Tage nach der Profanierung des Tempels durch Antiochus berechnen zu können glaubte (Dan 12,11 f.). Die spätere Apokalyptik sollte die eschatologische Heilszeit dann als neuen Äon verstehen, der den gegenwärtigen bösen Äon ablöst[36].

Das Endgericht gilt – und das ist das Neue schon bei Daniel – nun nicht mehr nur den Überlebenden, sondern auch den bereits Verstorbenen, wenigstens bestimmten Kategorien von ihnen: „Und viele von denen, die in der Erde schlafen, werden erwachen, diese zu ewigem Leben, jene zur Schande und ewigem Abscheu" (Dan 12,2). Wie diese Auferstehung näher zu verstehen ist, wird aus dem folgenden Vers (3) deutlich: „Und die Verständigen werden strahlen wie das helle Himmelsgewölbe, und diejenigen, welche die Vielen zur

---

[36] Diese Vorstellung ist vor allem im vierten Esrabuch und in der syrischen Baruchapokalypse belegt. Vgl. hierzu *W. Harnisch*, Verhängnis und Geschichte, Göttingen 1969.

Gerechtigkeit geführt haben, werden sein wie die Sterne für immer und ewig." Es handelt sich also bei den zur Verherrlichung Auferstehenden um Weise im theologischen Sinne, speziell um religiöse Führer und Gesetzeslehrer, wohl nicht zuletzt um solche, die sich im Glaubenskampf unter Antiochus IV. als Bekenner bewährt, womöglich sogar als Blutzeugen gestorben sind. In ihnen erkennt der Apokalyptiker den zeugnishaften Weg des leidenden Gottesknechtes bei Deuterojesaja (Jes 52,13–53,12) durch Drangsal und Tod zur Verherrlichung wieder[37].

Das ganze wunderbare Geschehen muß, obwohl hier Gott überhaupt nicht erwähnt wird, im Licht der vorhin angezogenen frühapokalyptischen Stellen als Heilstat Gottes verstanden werden: Gott befreit also diejenigen, die an ihn geglaubt und auf ihn gehofft haben, selbst aus den Fesseln des Todes. Das im apokalyptischen Schrifttum übrigens nach Zeit und Umfang verschieden vorgestellte Auferstehungsgeschehen dient zwar, vordergründig betrachtet, dem Gericht, der Belohnung der Gerechten und der Bestrafung der Frevler (vgl. Dan 12,2 f.), letztlich aber der Verherrlichung Gottes bzw. der mit seinem oder des Menschensohnes Erscheinen anbrechenden manifesten, universalen Gottesherrschaft, die keinerlei zeitliche oder nationale Begrenzung mehr kennt. Kein Geringerer als Jesus selbst hat später vom unmittelbaren Bevorstehen dieser befreienden Gottesherrschaft Zeugnis abgelegt, ja ihren in seiner eigenen Verkündigung und in seinen eigenen Machttaten bereits erkennbar werdenden Anbruch verkündigt (vgl. Mk 1,15).

---

[37] Vgl. hierzu *H. L. Ginsburg*, The Oldest Interpretation of the Suffering Servant: VT 3 (1953) 400–404.

GERHARD SCHNEIDER

Anbruch des Heils und Hoffnung auf Vollendung bei Jesus, Paulus und Lukas

Überblick

1. Die Frage nach Grund und Struktur der christlichen Hoffnung

Wenn wir als Christen „Unsere Hoffnung" aussprechen, berufen wir uns auf das Neue Testament. Wir sind uns meist wohl auch bewußt, diese Hoffnung – nach ihrem Grund und ihrem Gehalt – von alttestamentlicher Heilshoffnung und außerbiblischer Utopie unterscheiden zu können. Sobald wir indessen nach *der* neutestamentlichen Heilshoffnung fragen, stehen wir vor der Schwierigkeit, mehrere „Entwürfe" vorzufinden, die nicht leicht auf einen Nenner zu bringen sind. Das gilt z. B. für den Fall, daß wir die

„Eschatologien“ Jesu, des Apostels Paulus und des Evangelisten Lukas miteinander vergleichen.
Dennoch muß die Frage nach der möglichen „Einheit in der Vielfalt“ gestellt werden. Im folgenden soll das in bezug auf Jesus, Paulus und Lukas getan werden, weil diese drei Repräsentanten in einer (wenigstens indirekten) geschichtlichen Kontinuität stehen und jeweils etwa um eine Generation voneinander entfernt sind. Man könnte die Entwicklungslinie über die deuteropaulinischen Briefe bis zum Verfasser des vierten Evangeliums weiterverfolgen. Doch wird der Richtungssinn der Entwicklung – wie wir meinen – auch ohne Einbeziehung der ausgesprochenen Gegenwartseschatologie des „Johannes“ bereits deutlich. Um den Einheitsgrund der neutestamentlichen Hoffnungsstrukturen zu erkennen, legen wir – als heuristisches Prinzip – die Unterscheidung von verwirklichter Erwartung und noch ausstehender Voll-Erfüllung zugrunde. Ob sich diese Unterscheidung bewährt, muß sich freilich erst erweisen. Auch ist zu fragen, wie die nähere Profilierung der Unterscheidung im Sinne der Überschrift („Anbruch des Heils und Hoffnung auf Vollendung“) für Jesus, Paulus oder Lukas gegebenenfalls zu modifizieren ist.

2. Jesu Botschaft vom Anbruch der Gottesherrschaft

2.1. Zukunft und Gegenwart der Gottesherrschaft

Jesu Botschaft von der anbrechenden Königsherrschaft Gottes kann nur dann in ihrer geschichtlichen Gestalt erfaßt werden, wenn wir durch das Medium hindurchstoßen, das uns diese Botschaft vermittelt: die urkirchliche Verkündigung, vor allem in Form der synoptischen Evangelien. Diese drei Schriften bezeugen uns eine doppelte Reihe von Jesusworten, die in einer offensichtlichen Spannung zueinander stehen. Auf der einen Seite wird vom Kommen der Gottesherrschaft als einem künftigen Geschehen gesprochen. Andererseits wird ihre Gegenwart verkündigt. Jesus lehrt einerseits seine Jünger beten: „Es komme deine Königsherrschaft“ (Mt 6,10 par Lk 11,2)! Im Abendmahlssaal sagt er voraus: „Ich werde vom Gewächs des Weinstocks nicht mehr trinken bis zu jenem Tag, da ich es neu trinken werde im Reich Gottes“ (Mk 14,25).

– Urmuz

Text in Kritik

Solchen Zukunftsaussagen, die nicht selten die unmittelbar bevorstehende Nähe des Reiches ansagen (Mk 1,15; Mt 10,7 par Lk 10,9), stehen Gegenwartsaussagen gegenüber. „Wenn ich durch den Finger Gottes die Dämonen austreibe, so ist ja die Herrschaft Gottes zu euch gelangt" (Lk 11,20 par Mt 12,28). Jesus bestreitet, daß das Reich Gottes so kommt, daß man es vorausberechnend beobachten kann, und begründet das mit dem Satz: „Denn seht, das Reich Gottes ist mitten unter euch" (Lk 17,21)! Andere Gegenwartsaussagen darf man – auch wenn sie nicht ausdrücklich von der „Gottesherrschaft" sprechen – in Mk 2,18 f.; Mt 11,5 f. par Lk 7,22 f.; Mt 13,16 f. par Lk 10,23 f.; Lk 10,18 sehen.

2.2. *Einseitige Erklärungsversuche*

2.2.1. Wie ist diese auffallende Spannung zu erklären? Darf man sie Jesu eigener Vorstellung und Verkündigung zuschreiben? Oder geht sie auf die urkirchlichen Verkündiger zurück? Der Wiederentdecker der eschatologisch-apokalyptischen Dimension der Botschaft Jesu von der Gottesherrschaft, Johannes Weiß[1], deutete die Verkündigung Jesu einseitig von den Zukunftsaussagen her. Ihm folgend hat der Hauptvertreter der sogenannten „konsequenten Eschatologie", Albert Schweitzer[2], die apokalyptische Deutung der Predigt Jesu mit dem Aspekt der Naherwartung des Endes verbunden. Jesus wurde als Prophet des nahen Weltuntergangs gedeutet, der sich im Termin der Reichsankunft geirrt habe und daher scheitern mußte. Ausgehend von Weiß versuchte auch Rudolf Bultmann[3], die

---

[1] *J. Weiß*, Die Predigt Jesu vom Reiche Gottes, Göttingen (1892) ²1900 (Neudruck 1964). Textauszüge bei *W. G. Kümmel*, Das Neue Testament. Geschichte der Erforschung seiner Probleme, Freiburg 1958, 286–290.

[2] *A. Schweitzer*, Das Abendmahl im Zusammenhang mit dem Leben Jesu und der Geschichte des Urchristentums, Tübingen 1901. Zitate bei *W. G. Kümmel*, a.a.O. 298–302; vgl. auch ebd. 303–309. Der Eschatologismus Schweitzers wurde von *M. Werner* wieder aufgegriffen: Die Entstehung des christlichen Dogmas, Leipzig 1941.

[3] Siehe etwa *R. Bultmann*, Jesus Christus und die Mythologie, Hamburg (1964) ²1965, 32: Die „tiefere Bedeutung von Jesu mythologischer Predigt" sei: „offen sein für Gottes Zukunft, die uns, wirklich jedem einzelnen, bevorsteht".

Botschaft Jesu von der apokalyptischen Naherwartung her zu deuten. Er wollte sie „entmythologisieren" und somit existential interpretieren. Erich Gräßer[4] folgt seinem einstigen Lehrer darin weitgehend, wenn er auch die „Gegenwartsworte" der Synoptiker stärker berücksichtigt.

2.2.2. Der einseitig die Zukunftsaussagen betonenden Richtung entspricht ex adverso eine andere, die ganz auf die Gegenwartsaussagen der Jesusüberlieferung abhebt, Jesus als den Erfüller eschatologischer Verheißung sieht und – im angelsächsischen Sprachbereich – von „realized eschatology" redet[5]. Jesus wird faktisch eine futurische Eschatologie abgesprochen. Neben Charles H. Dodd wäre hier eine ganze Reihe von Vertretern zu nennen[6], die die futurische Eschatologie und die Naherwartung als Mißverständnis der frühen Kirche oder als apokalyptische Rejudaisierung der Botschaft Jesu verstehen. In gewisser Hinsicht stellen diese Autoren mit Recht die Gegenwartsaussagen Jesu heraus; denn in ihnen unterscheidet sich Jesus von der rein auf Erwartung abgestellten Heilshoffnung seiner jüdischen Umwelt[7]. Dennoch ist es höchst wahrscheinlich, daß das

---

[4] *E. Gräßer*, Die Naherwartung Jesu (SBS 61), Stuttgart 1973. Siehe das abschließende Kapitel C III: Die entmythologisierte Naherwartung (132–141). Auf katholischer Seite engt *G. Lohfink* den Blick auf Jesu Naherwartung ein und interpretiert diese ausschließlich individual auf das Sterben des einzelnen: Zur Möglichkeit christlicher Naherwartung, in: G. Greshake / G. Lohfink, Naherwartung, Auferstehung, Unsterblichkeit (QuDisp 71), Freiburg 1975, 38–81.

[5] Die Prägung des Ausdrucks geht zurück auf *Ch. H. Dodd*, The Parables of the Kingdom, London (1935) ²1961, 164. Dodd modifizierte später seine Wortprägung und entschied sich für „inaugurated eschatology" oder „sich realisierende Eschatologie": The Interpretation of the Fourth Gospel, Cambridge 1953, 447, Anm. 1.

[6] Vgl. *W. G. Kümmel*, Verheißung und Erfüllung. Untersuchungen zur eschatologischen Verkündigung Jesu (AThANT 6), Zürich ³1956, 11 f. Anm. 3, der neben Dodd 15 Verfasser aufführt, darunter K. Weiß, A. Feuillet, W. Grundmann, J. Leipoldt, M. A. Wagenführer, A. T. Cadoux, F. C. Grant, T. F. Glasson, J. Knox und H. Clavier.

[7] Zu vergleichen sind allerdings jetzt einige Gegenwartsaussagen in den Texten der Qumrangemeinde; siehe *H.-W. Kuhn*, Enderwartung und gegenwärtiges Heil. Untersuchungen zu den Gemeindeliedern von Qumran mit einem Anhang über Eschatologie und Gegenwart in der Verkündigung Jesu (StUNT 4), Göttingen 1966.

Nebeneinander von Zukunfts- und Gegenwartsaussagen hinsichtlich des Gottesreichs auf Jesus selbst zurückgeht. Und man muß auf jeden Fall beide Aussagenreihen in ihrem Nebeneinander beurteilen.

2.3. *Das Verhältnis der Gegenwarts- zu den Zukunftsaussagen*

Bei dieser Aufgabe kann es wiederum lehrreich sein, die verschiedenen Auskünfte zu registrieren, die bisher bei der Deutung dieser „Doppelpoligkeit" erteilt worden sind. Die meisten Forscher stellen sich dem Problem der Spannung zwischen Gegenwarts- und Zukunftsaussagen in den Evangelien, ja sie weisen diese Zweipoligkeit zumeist bereits der Verkündigung Jesu zu[8].

---

[8] Hier sind (in chronologischer Folge) vor allem zu nennen: *H.-D. Wendland,* Die Eschatologie des Reiches Gottes bei Jesus, Gütersloh 1931. – *M. Dibelius,* Jesus (Sammlung Göschen 1130), Berlin (1939) ²1949. – *G. Delling,* Das Zeitverständnis des Neuen Testaments, Gütersloh 1940. – *W. Michaelis,* Der Herr verzieht nicht die Verheißung. Die Aussagen Jesu über die Nähe des Jüngsten Tages, Bern 1942. – *O. Cullmann,* Christus und die Zeit. Die urchristliche Zeit- und Geschichtsauffassung, Zürich (1946) ³1962. – *E. Walter,* Das Kommen des Herrn II. Die eschatologische Situation nach den synoptischen Evangelien, Freiburg 1947. – *G. Bornkamm,* Jesus von Nazareth, Stuttgart (1956) ⁹1971. – *W. G. Kümmel,* Verheißung und Erfüllung (s. Anm. 6). – *H. Conzelmann,* Gegenwart und Zukunft in der synoptischen Tradition (erstm. 1957), in: Ders., Theologie als Schriftauslegung. Aufsätze zum Neuen Testament (BEvTh 65), München 1974, 42–61. – *E. Gräßer,* Das Problem der Parusieverzögerung in den synoptischen Evangelien und in der Apostelgeschichte (BhZNW 22), Berlin (1957) ²1960, 3–75. – *E. Fuchs,* Zur Frage nach dem historischen Jesus. Gesammelte Aufsätze II, Tübingen 1960. – *W. G. Kümmel,* Die Naherwartung in der Verkündigung Jesu, in: Zeit und Geschichte (Festschr. f. R. Bultmann), Tübingen 1964, 31–46. – *R. Schnackenburg,* Gottes Herrschaft und Reich. Eine biblisch-theologische Studie. Vierte Aufl. mit einem Nachtrag, Freiburg 1965, 49–180. – *A. Vögtle,* Jesus von Nazareth, in: Ökumenische Kirchengeschichte, hrsg. von R. Kottje / B. Moeller, Bd. I, Mainz 1970, 3–24. – *J. Jeremias,* Neutestamentliche Theologie I. Die Verkündigung Jesu, Gütersloh 1971, 81–156. – *J. Becker,* Johannes der Täufer und Jesus von Nazareth (BSt 63), Neukirchen 1972. – *K. Müller,* Jesu Naherwartung und die Anfänge der Kirche, in: Die Aktion Jesu und die Re-Aktion der Kirche. Jesus von Nazareth und die Anfänge der

2.3.1. Bei der Beurteilung des Verhältnisses von Gegenwarts- und Zukunftsaussagen sind im Laufe der Forschungsgeschichte verschiedene Positionen als unzutreffend erwiesen worden. Günther Bornkamm[9] erwähnt Wilhelm Bousset, der meinte, verschiedene „Stimmungen“ Jesu beobachten zu können: Die Gegenwart als Anbruch der Basileia anzusehen, entspreche einem Hochgefühl der Begeisterung[10]. Auch die Erklärung von Paul Feine, der Widerspruch sei aus der Psyche des Propheten zu erklären, der bald die Zukunft schon gegenwärtig schaut und bald sie in ferne Zeiten sich erstrecken sieht[11], bringt „eine Betrachtungsweise an die Texte heran, gegen die sie sich ausnahmslos sperren“[12]. Offensichtlich sind auch biographische Erklärungen, die verschiedene Epochen im Denken und Predigen Jesu unterscheiden möchten[13], durch die synoptischen Texte nicht zu begründen. Endlich geht es nicht an, in den Gottesreichaussagen Jesu zwischen eigentlichen und symbolischen Worten (für das „Überzeitliche“ und „Ewige“) zu unterscheiden[14]. Man darf die Zukunfts- und Gegenwartsaussagen Jesu nicht auseinanderreißen. Denn vom Anbruch der Basileia wird nicht anders gesprochen als

---

Kirche, hrsg. von K. Müller, Würzburg 1972, 9–29. – *N. Perrin*, Was lehrte Jesus wirklich? Rekonstruktion und Deutung, Göttingen 1972. – *E. Linnemann*, Hat Jesus Naherwartung gehabt?, in: Jésus aux origines de la christologie, hrsg. von J. Dupont (BiblEThL XL), Löwen 1975, 103–110. – *Dies.*, Zeitansage und Zeitvorstellung in der Verkündigung Jesu, in: Jesus Christus in Historie und Theologie (Festschr. f. H. Conzelmann), Tübingen 1975, 237–263.

[9] *G. Bornkamm*, Jesus von Nazareth (s. Anm. 8) 83.

[10] *W. Bousset*, Jesu Predigt im Gegensatz zum Judentum, Göttingen 1892, 63.

[11] *P. Feine*, Theologie des Neuen Testaments, Leipzig [9]1953, 73. Vgl. auch *R. Schnackenburg*, Gottes Herrschaft (s. Anm. 8) 138 f.

[12] *G. Bornkamm*, a.a.O. 83.

[13] Bornkamm erwähnt *P. Wernle*, Jesus, Tübingen 1916, 237 f., und *J. Weiß*, Die Predigt Jesu (s. Anm. 1) 100 f.; vgl. dazu *W. G. Kümmel*, Verheißung und Erfüllung (s. Anm. 6) 133 f. Die Auffassung von J. Weiß ist neuerdings durch *F. Mußner* erneut in dem Sinn vertreten worden, daß die Naherwartung Jesu infolge der „galiläischen Krise“ aufgegeben wurde: Christologie – systematisch und exegetisch: ThPrQ 122 (1974) 181–184, näherhin 183 f.

[14] Vgl. die diesbezügliche Kritik *G. Bornkamms* (a.a.O. 84) an *H.-D. Wendland* (Die Eschatologie [s. Anm. 8] 45 f.).

so, „daß die Gegenwart die Zukunft als Heil und Gericht eröffnet und also vorwegnimmt", und von der Zukunft gilt, „daß sie die Gegenwart erschließt"[15].

2.3.2. In jüngerer Zeit sind weitere Lösungsversuche vorgetragen worden, die ebenfalls kaum befriedigen können. Die Auskunft, daß die Zeitvorstellung für Jesu Botschaft ohne wirkliche Bedeutung gewesen sei[16], kann ebensowenig überzeugen wie die Existentialanalyse der Zeitlichkeit bei Ernst Fuchs[17]. Auch ein Herunterspielen der Naherwartung Jesu[18] oder gar eine Bestreitung derselben[19] führen nicht weiter. Schon eher wird man die progressiv-heilsgeschichtliche Deutung der eschatologischen Verkündigung Jesu durch Oscar Cullmann ernst zu nehmen haben[20]. Sie fand auch bei neueren katholischen Exegeten Vertreter[21].

2.3.3. Joachim Jeremias vertritt die These, eine „sich realisierende Eschatologie" entspreche der Botschaft Jesu[22]. Er

---

[15] *G. Bornkamm*, a.a.O. 84 f.

[16] Vgl. *G. Delling*, Das Zeitverständnis (s. Anm. 8); zur Kritik siehe *E. Gräßer*, Die Naherwartung Jesu (s. Anm. 4) 50—55.

[17] *E. Fuchs*, Zur Frage (s. Anm. 8), bes. 66—78. 168—218. 304—376; siehe dazu kritisch *E. Gräßer*, a.a.O. 74—76.

[18] Z. B. bei *W. Michaelis*, Der Herr (s. Anm. 8), und *O. Cullmann*, Christus und die Zeit (s. Anm. 8).

[19] *E. Linnemann* (s. die in Anm. 8 erwähnten Beiträge). Siehe hingegen den Nachweis der jesuanischen Naherwartung bei *W. G. Kümmel*, Die Naherwartung (s. Anm. 8).

[20] Vgl. *R. Schnackenburg*, Gottes Herrschaft (s. Anm. 8) 78; er charakterisiert diese Deutung so: „Die letzte (eschatologische) Zeit hat noch einen Anfang und ein Ende. Die Gottesherrschaft ist mit Jesus gekommen, aber erst als anfängliches Heil, das noch seiner Vollendung harrt. Die Zwischenzeit oder ‚vorletzte Zeit' (O. Cullmann) ist wirkliche Heilszeit, Zeit der Kirche und ihres Wirkens im Dienste der kommenden vollendeten Gottesherrschaft."

[21] Siehe *R. Schnackenburg*, a.a.O. 78, der diese Deutung schlechthin als „neuere katholische Auffassung" bezeichnet.

[22] Vgl. *J. Jeremias*, Die Gleichnisse Jesu, Göttingen ^{7}1965, 227, der mit der Formulierung „sich realisierende Eschatologie" einem Vorschlag von Ernst Haenchen (20. 6. 1944) folgt. Siehe auch Anm. 5 zur neueren Ansicht von Dodd. In seinem Werk: Neutestamentliche Theologie (s. Anm. 8) schreibt *Jeremias*: „Die Königsherrschaft Gottes ist . . . ein *dynamischer Begriff*. Er bezeichnet die königliche Herrschaft Gottes in actu, zunächst im Gegensatz zu irdischer Königsherrschaft, dann aber zu aller Herrschaft im Himmel und auf der Erde" (101).

kommt damit der Auffassung Werner Georg Kümmels schon recht nahe, die Gegenwart der Gottesherrschaft sei in Jesus selbst bzw. in seiner Botschaft und seinem Wirken gegeben[23]. In der Sache weichen auch Hans Conzelmann[24], Anton Vögtle[25], Jürgen Becker[26], Karlheinz Müller[27] und Norman Perrin[28] offensichtlich nur unwesentlich von einem solchen dynamischen Verständnis der Gottesherrschaft bei Jesus ab. Vögtle meint: „Jesus dürfte den in der jüdischen Eschatologie seltenen Abstraktbegriff ‚Gottesherrschaft', des sich in actu ereignenden Königseins Gottes, wesentlich auch deshalb gewählt haben, weil nur dieser Begriff den Gedanken der Kontinuität göttlichen Handelns lieferte, also die spannungsvolle Hinordnung des endgültigen Redens und Handelns Jesu, des eschatologischen Jetzt auf das eschatologische Dann ermöglichte"[29].

---

[23] *W. G. Kümmel*, Verheißung und Erfüllung (s. Anm. 6) 147; „Denn wenn . . . der Sinn dieser Verkündigung nicht in der Offenbarung apokalyptischer Geheimnisse und auch nicht in der Sinngebung der Gegenwart von einer überzeitlichen Gotteswirklichkeit her liegt, so liegt dieser Sinn eben darin, daß *in Jesus* die Gottesherrschaft *begonnen hat und sich in Jesus vollenden wird*" [Hervorhebungen vom Zitierenden].

[24] *H. Conzelmann*, Gegenwart und Zukunft (s. Anm. 8) 52: „Zur Charakteristik der Eschatologie Jesu im Vergleich zur jüdischen genügt es nicht, sie als äußerste Zuspitzung der Naherwartung zu bestimmen. Man muß die Tatsache hinzunehmen, daß sie unlösbar mit seiner Person verbunden ist. Dadurch wird aber die eschatologische Einstellung nicht nur temporal-quantitativ verändert."

[25] *A. Vögtle*, Jesus von Nazareth (s. Anm. 8) 15 f.

[26] *J. Becker*, Johannes der Täufer (s. Anm. 8) 71–85. Zu Lk 17,20 f. sagt Becker: Jesus „läßt die Zukunft nicht nur sozusagen hautnahe an die Gegenwart angrenzen, sondern reißt auch noch diese zeitliche Grenze ein" (81).

[27] *K. Müller*, Jesu Naherwartung (s. Anm. 8) 11.

[28] *N. Perrin*, Was lehrte Jesus wirklich? (s. Anm. 8) 235: „In der Verkündigung Jesu liegt der Ton nicht auf einer Zukunft, für die die Menschen sich vorbereiten müssen, und sei es mit Gottes Hilfe; der Ton liegt vielmehr auf einer Gegenwart, die die Zusicherung der Zukunft mit sich bringt. Die Gegenwart, die zur Gegenwart Gottes geworden ist, garantiert, daß alle Zukunft Gottes Zukunft sein wird."

[29] *A. Vögtle*, a.a.O. 16.

2.4. *Vergleich mit der jüdischen Enderwartung*

Vergleicht man Jesu Verkündigung mit den zeitgenössischen jüdischen Erwartungen, so sind folgende Besonderheiten zu vermerken[30]. Jesus schließt sich der nationalen Hoffnung seines Volkes nicht an und bestätigt in dieser Hinsicht auch nicht die Erwartungen, die man an ihn heranträgt. Er unterscheidet sich deutlich von der messianisch-politischen Bewegung des Zelotismus. Im Unterschied zu den kosmisch-apokalyptischen Hoffnungen malt er die Endkatastrophe oder das erwartete Heil nicht in Bildern aus. Und er beantwortet auch nicht die typisch apokalyptische Frage nach dem Termin des Endes (vgl. Mk 13,4.32). Das Eigentliche der Botschaft Jesu „liegt in der Bestimmtheit – neutestamentlich gesprochen: der Vollmacht –, mit der Jesus die Nähe der Herrschaft Gottes ausruft und den Ruf zur Umkehr erklingen läßt"[31]. In dieser Hinsicht trifft die kerygmatische Zusammenfassung der Botschaft Jesu, die Mk 1,15 bietet, den entscheidenden Punkt: „Erfüllt ist die Zeit und nahe herbeigekommen die Herrschaft Gottes: Kehrt um und glaubt an das Evangelium!"

2.5. *Das Problem der Naherwartung Jesu*

2.5.1. Welche Worte Jesu können mit einiger Gewißheit als authentische Naherwartungsaussagen gelten? Hier sind zunächst die Gleichnisse vom untreuen Verwalter (Lk 16,1–8), von der Sintflut und vom Feuerregen (Lk 17,26–29) sowie vom grünenden Feigenbaum (Mk 13,28 f.) zu nennen. Es gehören zu ihnen auch Bildworte wie das vom Gang zum Richter (Mt 5,25 f. par Lk (12,58 f.) sowie Mahnungen zu akuter Wachsamkeit (Mk 13,33–37; Mt 24,42 f.; 25,13; Lk 12,37 f.) und Bereitschaft (Mt 24,44 par Lk 12,40). Sie sind nur unter der Voraussetzung verständlich, daß die Endereignisse *bald* eintreten[32].

2.5.2. Drei Einzellogien sagen den Eintritt der Endereignisse innerhalb der Generation Jesu zu: Mk 9,1; 13,30;

---

[30] Siehe *G. Bornkamm*, Jesus von Nazareth (s. Anm. 8) 60 f.

[31] Ebd. 61.

[32] *K. Müller*, Jesu Naherwartung (s. Anm. 8) 10 f.

Mt 10,23. Von ihnen kann man Mk 9,1 schwerlich als Bildung der nachösterlichen Gemeinde verständlich machen[33]. Auf eine zeitliche Nähe der Gottesherrschaft deuten auch die Seligpreisungen der Armen, Hungernden und Weinenden (Lk 6,20 f.). Wahrscheinlich steht der sog. „eschatologische Ausblick" beim letzten Mahl Jesu (Mk 14,25) im Horizont der Naherwartung[34].

2.5.3. Im Zusammenhang mit der Unterstreichung der Naherwartung Jesu ist es nun von höchstem Interesse, daß die Basileia nicht nur in kurzem Abstand vom Zeitpunkt ihrer Ankündigung gesehen ist, sondern zu dem in Jesus und seinem Wirken qualifizierten Ankündigungszeitpunkt auch in einer sachlichen Beziehung steht. Dies zeigt das Gleichnis vom sprossenden Feigenbaum (Mk 13,28 f.): Wenn die Blätter zu sprossen beginnen, merkt man, daß der Sommer nahe ist. Jesus deutet: „So sollt auch ihr, wenn ihr dies geschehen seht, merken, daß *er* nahe vor der Tür ist." Zwar bezieht sich die Ansage im heutigen, sekundären Kontext auf die Enddrangsal und die kosmische Katastrophe. Diese werden als Zeichen für das Kommen des Menschensohnes bezeichnet (13,24–27). Doch redet das Gleichnis ursprünglich gewiß von den Zeichen, die *in Jesu Wirken* geschehen und die als Anzeichen für die Nähe der Basileia angesehen werden[35]. Das zeigen die „Gegenwartsworte" über die beginnende Ankunft des Reiches durch Jesu „im Finger Gottes" (vgl. Ex 8,15 LXX) gewirkte Exorzismen Lk 11,20 (par Mt) und die Seligpreisung der Augenzeugen Lk 10,23 f. (par Mt). Daß die Botschaft *Jesu* eine zeitliche Nähe des Reiches ansagt und diese zugleich in sachliche Beziehung zu

[33] Siehe ebd. 13–16. *Müller* faßt zusammen: „Es verbleibt Mk 9,1 und mit dieser Stelle die Möglichkeit, daß Jesus mit dem definitiven Eintritt der endzeitlichen Geschehnisse noch in seiner Generation rechnete" (16). Vgl. die detaillierte Argumentation bei *R. Pesch*, Naherwartungen. Tradition und Redaktion in Mk 13, Düsseldorf 1968, 181–195: Mk 13,30 ist Neubildung des Mk-Evangelisten auf Grund von 9,1, mit deren Hilfe er *seine* Naherwartung formuliert.

[34] Siehe die Argumentation bei *G. Lohfink*, Naherwartung (s. Anm. 4) 48 f.

[35] *J. Jeremias*, Gleichnisse Jesu (s. Anm. 22) 120; *G. Lohfink*, a.a.O. 42 f.

dieser *jesuanischen* Ansage bringt, zeigen ferner die drei ersten (und ursprünglichen) Makarismen der „Bergpredigt", die in Lk 6,20 f. (par Mt) erhalten sind. Den Armen, Hungernden und Weinenden wird die von Gott gewirkte Wende ihres Geschicks zugesprochen, und zwar – so ist zu unterstreichen – noch zu ihren Lebzeiten[36]. Denn die eschatologische „Intervention Gottes" ist ganz nahe[37].

2.5.4. Überblickt man diese Relation der Ankündigung Jesu zum angekündigten Reich Gottes, so ist es durchaus sachgemäß, diese im Sinne des Verhältnisses des Anbruchs zum Durchbruch, der erkennbaren Zeichen zum Offenkundigwerden zu verstehen[38]. Das Gleichnis vom Feigenbaum zeigt die „innere Nähe zwischen den Zeichen und dem in den Zeichen Angesagten", die „keine langen Zwischenräume" verträgt[39]. Es deutet darüber hinaus aber auch die Beziehung des im *einzelnen* Zeichen geschehenden Anbruchs zum *umfassenden* Durchbruch an. Der Anbruch der Basileia ist also in Jesus, seinen Zeichen-Handlungen und seiner Botschaft bereits erfolgt[40].

3. Zukunft und Gegenwart in der Eschatologie des Paulus

3.1. „Dieser Äon" und die „neue Schöpfung"

3.1.1. Die Briefe des Apostels Paulus sind das älteste unmittelbare Zeugnis eines christlichen Verkündigers über seine Eschatologie[41]. Als geschichtliches Bindeglied zwi-

---

[36] *G. Lohfink*, a.a.O. 43 f. (unter Hinweis auf Jes 61,1–3).

[37] *J. Jeremias*, Neutestamentliche Theologie (s. Anm. 8) 115.

[38] Vgl. *G. Lohfink*, Naherwartung (s. Anm. 4) 42.

[39] Ebd. 43.

[40] *A. Vögtle*, Jesus von Nazareth (s. Anm. 8) 15 f., sieht die Erwartung Jesu „nicht etwa in der Kenntnis eines Termins" gegründet, sondern vielmehr „in seinem unableitbaren Anspruch, daß das eschatologische Wollen und Handeln Gottes *durch ihn beginne und begonnen habe*" [Hervorhebung vom Zitierenden].

[41] Zur paulinischen Eschatologie im allgemeinen ist zu verweisen auf: *R. Kabisch*, Die Eschatologie des Paulus in ihren Zusammenhängen mit dem Gesamtbegriff des Paulinismus, Göttingen 1893. – *F. Guntermann*, Die Eschatologie des hl. Paulus (NtlAbh XIII/4–5), Münster 1932. – *G. Vos*, The Pauline Eschatology, Grand Rapids (Mich.) 1952. – *M. Goguel*, Le caractère, à la fois actuel et futur, du

schen Jesus und Paulus haben vor allem jene „Hellenisten“ zu gelten, zu denen Stephanus gehörte und die nach der Vertreibung aus Jerusalem die Heidenmission begannen (Apg 6,1; 8,1.4; 11,19–21). Die Briefe des Paulus sind innerhalb der fünfziger Jahre des 1. Jahrhunderts geschrieben und blicken auf das entscheidende Heilsereignis des Todes und der Auferweckung Jesu zurück. Tod und Auferweckung Jesu sind nicht nur die Mitte der Theologie des Paulus, sondern auch der Orientierungspunkt für seine Sicht der Heilsgeschichte[42]. Zentrales Ereignis der Heilsgeschichte ist der Tod Jesu am Kreuz. Er ist „ein für allemal“ erfolgt (Röm 6,10). Die Gegenwart des Gläubigen ist das heils-

---

salut dans la théologie paulinienne, in: The Background of the New Testament and Its Eschatology (Festschr. f. Ch. H. Dodd), Cambridge 1954, 322–341. – *F. Spadafora*, L'eschatologia in San Paolo, Rom 1957. – *W. Grundmann*, Überlieferung und Eigenaussage im eschatologischen Denken des Apostels Paulus: NTS 8 (1961/62) 12–26. – *A. Grabner-Haider*, Paraklese und Eschatologie bei Paulus. Mensch und Welt im Anspruch der Zukunft Gottes (NtlAbh, NF 4), Münster 1968. – *G. Bornkamm*, Paulus, Stuttgart 1969, 203–233. – *W. Baird*, Pauline Eschatology in Hermeneutical Perspective: NTS 17 (1970/71) 314–327. – *H. R. Balz*, Heilsvertrauen und Welterfahrung. Strukturen der paulinischen Eschatologie nach Römer 8,18–39 (BEvTh 59), München 1971.

[42] Die „heilsgeschichtliche“ Orientierung des Paulus sollte nicht, wie es die Dialektische Theologie, R. Bultmann und viele seiner Schüler tun, bestritten und zugunsten einer existentialen Interpretation („eschatologische Existenz“) aufgegeben werden; vgl. dazu *U. Wilckens*, Lukas und Paulus unter dem Aspekt dialektisch-theologisch beeinflußter Exegese, in: Ders., Rechtfertigung als Freiheit. Paulusstudien, Neukirchen 1974, 171–202. Zur heilsgeschichtlichen Sicht des Paulus vgl. *G. Schrenk*, Die Geschichtsanschauung des Paulus auf dem Hintergrund seines Zeitalters (erstm. 1932), in: Ders., Studien zu Paulus, Zürich 1954, 49–80. – *O. Kuss*, Zur Geschichtstheologie der paulinischen Hauptbriefe: ThGl 46 (1956) 241–260. – *Ch. Dietzfelbinger*, Heilsgeschichte bei Paulus? Eine exegetische Studie zum paulinischen Geschichtsdenken (ThEx 126), München 1965. – *U. Luz*, Das Geschichtsverständnis des Paulus (BEvTh 49), München 1968. – *E. Käsemann*, Paulinische Perspektiven, Tübingen 1969, 108–139: Rechtfertigung und Heilsgeschichte im Römerbrief. – *U. Wilckens*, Das Geschichtsverständnis des Paulus: ThLZ 95 (1970) 401–412. – *M. Legido Lopez*, Perspectivas sobre la comprensión paulina de la historia salvifica: Salmaticenses 22 (1975) 5–24.

geschichtliche „Jetzt", mit dem die entscheidende „letzte" Zeit angebrochen ist (16,26). Dennoch ist das Jetzt der Erfüllung noch nicht das der Vollendung.

3.1.2. Zwar bezeichnet Paulus die gegenwärtige Welt mehrfach als „diesen Äon", doch fehlt die entsprechende Formulierung der jüdischen Theologie „jener (bzw. der kommende) Äon". Obgleich die „Neue Schöpfung" seit dem Kreuzestod Jesu angebrochen ist (Gal 6,14 f.)[43], behauptet sich „diese Weltzeit" mit ihren bedrohlichen und verhängnisvollen Gewalten weiter. Zwar kann Paulus sagen: „Die Enden der Äonen sind auf uns gekommen" (1 Kor 10,11). Andererseits heißt es, Christus habe sich in den Tod dahingegeben, „um uns aus dem gegenwärtigen bösen Äon herauszureißen nach dem Willen Gottes" (Gal 1,4). Dieser Christus wurde von Gott „gesandt, als die Fülle der Zeit gekommen war" (4,4). Auch vom einzelnen Gläubigen kann gesagt werden, er sei „in Christus ein neues Geschöpf" (2 Kor 5,17)[44].

---

43 Die dominierende Stellung der paulinischen Schöpfungstheologie – gerade auch für die Eschatologie – heben hervor: *G. Schneider*, Die Idee der Neuschöpfung beim Apostel Paulus und ihr religionsgeschichtlicher Hintergrund: TrThZ 68 (1959) 257–270. – *D. M. Stanley*, Christ's Resurrection in Pauline Soteriology (AnBibl 13), Rom 1961. – *H. Schwantes*, Schöpfung der Endzeit. Ein Beitrag zum Verständnis der Auferweckung bei Paulus (Arbeiten zur Theologie I/12), Stuttgart 1963. – *B. Rey*, Créés dans le Christ Jésus. La création nouvelle selon saint Paul (Lectio divina 42), Paris 1966. – *P. Hoffmann*, Die Toten in Christus. Eine religionsgeschichtliche und exegetische Untersuchung zur paulinischen Eschatologie (NtlAbh, NF 2) Münster ²1969. – *J. G. Gibbs*, Creation and Redemption. A Study in Pauline Theology (NTSuppl 26), Leiden 1971.

44 Vgl. dazu folgende neuere Arbeiten über das Verständnis der „christlichen Existenz" nach Paulus: *R. Schnackenburg*, Zwischen den Zeiten. Christliche Existenz in dieser Welt nach Paulus, in: Ders., Christliche Existenz nach dem Neuen Testament, Bd. II, München 1968, 9–32. – *W. Harnisch*, Eschatologische Existenz. Ein exegetischer Beitrag zum Sachanliegen von 1. Thessalonicher 4,13–5,11 (FRLANT 110), Göttingen 1973. – *J. Murphy O'Connor*, L'existence chrétienne selon saint Paul (Lectio divina 80), Paris 1974. – *M. de Merode*, L'aspect eschatologique de la vie et l'esprit dans les épîtres pauliniennes: EThL 51 (1975) 96–112.

3.1.3. Es gibt auch in der paulinischen Theologie ein „geradezu widersprüchlich anmutende(s) Nebeneinander“[45]. Einerseits ruft Paulus angesichts der nahen Parusie Christi[46] zur Freude auf (Phil 4,4 f.); er spricht vom Vergehen dieser Welt (1 Kor 7,29–31), unterrichtet über die kommende Totenauferstehung und die Verwandlung der dann noch Lebenden (15,50–53). Doch verkündet er auch die bereits erreichte Erfüllung der Zeit (Gal 4,4) und die in Christus schon gegenwärtige Neuschöpfung (2 Kor 5,17). Das auf den ersten Blick widersprüchliche Nebeneinander erklärt sich nur teilweise in dem Sinn, daß das Heil dem Glaubenden zwar *schon zuteil ist* und dennoch in seiner Vollendung *noch aussteht,* wie Paulus gegenüber christlichen Enthusiasten betonen kann (1 Kor 4,8–13; 15,12–57; 2 Kor 13,4; Phil 3,11–14). Doch läßt sich der „wirkliche Sachverhalt nur mit einem ‚Weil – darum‘ wiedergeben“[47], wie u. a. Röm 5,1–11 und 1 Kor 1,4–8 zeigen. Weil Paulus von Christus ergriffen ist, kann er von sich sagen: „Nicht, daß ich es schon ergriffen hätte oder schon zur Vollendung gekommen wäre! Ich jage ihm aber nach, ob ich es wohl ergreifen möchte“ (Phil 3,12). Die Rettung durch Christus ist eine solche „auf Hoffnung hin“ (Röm 8,24).

3.2. Die Durchbrechung des apokalyptischen Zeitschemas

Das Zeitschema der Apokalyptik, nach dem auf „diese Weltzeit“ durch eine qualitative Wende „der kommende Äon“ des Heils folgen wird, ist bei Paulus insofern durchbrochen,

---

[45] *G. Bornkamm,* Paulus (s. Anm. 41) 203.

[46] Siehe neben den in Anm. 41 genannten Titeln die Arbeiten zur paulinischen Parusieerwartung: *F. Tillmann,* Die Wiederkunft Christi nach den paulinischen Briefen (BSt 14), Freiburg 1909. – *B. Brinkmann,* Die Lehre von der Parusie beim hl. Paulus in ihrem Verhältnis zu den Anschauungen des Buches Henoch: Bib 13 (1932) 315–334. 418–434. – *J. A. Sint,* Parusie-Erwartung und Parusie-Verzögerung im paulinischen Briefcorpus, in: Vom Messias zum Christus, hrsg. von K. Schubert, Wien 1964, 233–277 (zugleich in: ZKTh 86 [1964] 47–79). – *J. Kremer,* Was heißt Parusie und Parusieerwartung heute? Überlegungen zu den Parusieaussagen von 1 Thess, in: Bestellt zum Zeugnis (Festschr. f. J. Pohlschneider), Aachen 1974, 251–268.

[47] *G. Bornkamm,* Paulus (s. Anm. 41) 203.

als im Heilswerk Jesu Christi die Wende bereits erfolgt ist und dennoch der „gegenwärtige böse Äon" nicht zu bestehen aufhörte (Gal 1,4; 6,15). Obwohl Paulus mit der Apokalyptik bestimmte Vorstellungen über das Weltende teilt, prägt er seine eschatologischen Vorstellungen ganz von der Christusbotschaft her[48]. Die Gegenwartsaussagen über das Christusheil bestimmen die Verkündigung entscheidend. Die Zukunftsaussagen haben eine doppelte Funktion. Auf der einen Seite machen sie deutlich, daß die Vollendung noch nicht erfolgt ist, daß sie vielmehr Gottes souveränem Handeln bei der Parusie Christi vorbehalten bleibt. Auf der anderen Seite werden so die Gegenwartsaussagen[49] von jenem Enthusiasmus abgehoben (Phil 3,12–21; Röm 13,12–14), der mit dem Vollendungsbewußtsein die ethische Verpflichtung des Getauften und Gerechtfertigten vergessen möchte[50].

3.3. Naherwartung der Parusie

Die Spannung zwischen gegenwärtigem Heil und künftiger Vollendung resultiert bei Paulus nicht aus der Erfahrung, daß die Parusie auf sich warten ließ[51]. Paulus denkt, soweit das seine Briefe erkennen lassen, von der Naherwartung her und hat diese kaum je aufgegeben (vgl. Phil 2,16; 4,4 f.; Röm 13,11 f.)[52]. Doch läßt sich eine gewisse Verschiebung

---

48 Vgl. besonders 1 Thess 4,14–17; 1 Kor 15,20–57. Siehe dazu die Bochumer Dissertation (1972/73) von *J. Baumgarten*, Paulus und die Apokalyptik (WMANT 44), Neukirchen 1975.

49 Siehe z. B. die Rechtfertigungsaussagen Röm 3,28; 5,1.9; 1 Kor 6,11. Vgl. die neue Existenz „in Christus" 2 Kor 5,17; Gal 2,20. Der Geist ist als „Angeld" (2 Kor 5,5) bzw. als „Erstlingsgabe" (Röm 8,23) gegeben.

50 Vgl. die Gerichtsaussagen, die auch ein Gericht über die Glaubenden ankündigen: 2 Kor 5,10; Phil 3,18 f.; Röm 2,5 f.; siehe dazu *L. Mattern*, Das Verständnis des Gerichtes bei Paulus (AThANT 47), Zürich 1966, passim.

51 Dagegen spricht nicht die „individuelle" Hoffnung des Gefangenen (Phil 1,23) oder 2 Kor 5,1–8. Siehe *P. Hoffmann*, Die Toten in Christus (s. Anm. 43) 324–327.

52 Einen Wandel der eschatologischen Erwartung und Vorstellung nahmen neuerdings vor allem *Ch. Buck / G. Taylor* an: St. Paul. A Study of the Development of His Thought, New York 1969; siehe

7 Hödl, Das Heil (78178)

des Aspekts erkennen, die mit der wachsenden Erfahrung des Sterbens von Christen zusammenhängen dürfte[53]. Vielleicht trifft es zu, daß die „Verzögerungserfahrung" hinsichtlich der Parusie den Apostel dazu führte, eine individuale Christusgemeinschaft nach dem Tod des Gläubigen ins Auge zu fassen[54]. Doch ersetzt die so ausgerichtete Hoffnung (vgl. 2 Kor 5,1–8; Phil 1,23) bei Paulus keineswegs die Erwartung der universalen Endereignisse bei der Parusie.

---

dagegen *W. G. Kümmel*, Das Problem der Entwicklung in der Theologie des Paulus: NTS 18 (1971/72) 457 f. Vgl. zu diesem Problem ferner *C.-H. Hunzinger*, Die Hoffnung angesichts des Todes im Wandel der paulinischen Aussagen, in: Leben angesichts des Todes (Festschr. f. H. Thielicke), Tübingen 1968, 69–88. – *J. G. Gager jr.*, Functional Diversity in Paul's Use of End-Time Language: JBL 89 (1970) 325–337. – *G. Klein*, Apokalyptische Naherwartung bei Paulus, in: Neues Testament und christliche Existenz (Festschr. f. H. Braun), Tübingen 1973, 241–262. – *W. Wiefel*, Die Hauptrichtung des Wandels im eschatologischen Denken des Paulus: ThZ 30 (1974) 65–81.

53 Siehe die Verschiebung von 1 Thess 4 zu 1 Kor 15. Zunächst wird der Tod von Gläubigen, der noch vor der Parusie erfolgt ist, als Problem empfunden (1 Thess 4,13). Paulus hält daran fest, daß auch die Verstorbenen an der Parusie Anteil bekommen und die dann noch Lebenden den Verstorbenen nicht „zuvorkommen" (4,14 f.). 1 Kor 15,51 sagt der Apostel den Adressaten „ein Geheimnis": „Wir werden nicht alle entschlafen, wir werden aber alle verwandelt werden." Das Überleben von Gemeindegliedern bis zur Parusie wird gewissermaßen schon als Ausnahmefall angesehen. Phil 3 und Röm 8 wird zwischen bei der Parusie noch Lebenden und bereits Verstorbenen nicht (mehr) unterschieden. Phil 3,20 f. erhofft von der Parusie offensichtlich die Auferweckung der Toten, spricht aber nur von „Verwandlung". Auch Röm 8,17.23.29 wird nicht ausdrücklich gesagt, ob die „Erlösung des Leibes", die Gleichgestaltung mit dem Sohn Gottes, als Auferweckung der Toten erfolgen wird oder ob sie weitgehend als Schöpfungstat der „Verwandlung" an Lebenden geschieht. Den tiefsten Grund der Vollendungshoffnung gibt Röm 8,31–39 an. Er liegt in der „Liebe Gottes, (erwiesen) in Christus Jesus". Zur Vorstellung von der künftigen Verwandlung als Gleichgestaltung mit Christus vgl. *W. Grundmann* in: ThWNT VII (1964) 788 f.

54 Zur Möglichkeit einer derartigen Entwicklung im eschatologischen Bewußtsein des Paulus siehe *J. Ernst*, Die Briefe an die Philipper, an Philemon, an die Kolosser, an die Epheser (RNT), Regensburg 1974, 57–60. Ernst neigt dazu, eine solche Entwicklung anzunehmen, betont indessen, daß deswegen „das Wissen um die Wiederkunft und die damit einsetzende volle Christusgemeinschaft" noch nicht vergessen sein müsse (60).

4. Die heilsgeschichtliche Konzeption des Lukas

4.1. Die Situation des dritten Evangelisten

4.1.1. Ebensowenig wie Jesus und Paulus entwirft der dritte Evangelist in seinem Doppelwerk (Lk/Apg) eine Systematik der eschatologischen Vorstellungen und Erwartungen[55]. Auch bei ihm gibt es ein Nebeneinander von Gegenwarts- und Zukunftsaussagen über das Gottesreich. Manche Forscher sind der Auffassung, daß bei Lukas die Naherwartung der Parusie noch vertreten und bezeugt sei, und zwar neben einer entspannten eschatologischen Erwartung, die mit einer längeren Zeitspanne bis zur Parusie rechne[56].

4.1.2. Lukas schrieb sein Werk wohl in den achtziger Jahren des 1. Jahrhunderts. Er blickt nicht nur auf das Wirken des Paulus und die Geschichte Jesu, sondern auch auf

---

[55] Aus der Fülle der Arbeiten zum lukanischen Doppelwerk und seiner Eschatologie sei hier nur eine Auswahl notiert: *Ph. Vielhauer*, Zum „Paulinismus" der Apostelgeschichte (erstm. 1950/51), in: Ders., Aufsätze zum Neuen Testament, München 1965, 9–27. – *H. J. Cadbury*, Acts and Eschatology, in: The Background of the New Testament and Its Eschatology (Festschr. f. Ch. H. Dodd), Cambridge 1954, 300–321. – *H. Conzelmann*, Die Mitte der Zeit. Studien zur Theologie des Lukas (BHTh 17), Tübingen (1954) [5]1964. – *E. Lohse*, Lukas als Theologe der Heilsgeschichte: EvTh 14 (1954) 256–276. – *E. Gräßer*, Das Problem der Parusieverzögerung (s. Anm. 8) 178–215. – *G. Braumann*, Das Mittel der Zeit: ZNW 54 (1963) 117–145. – *W. C. Robinson jr.*, Der Weg des Herrn. Studien zur Geschichte und Eschatologie im Lukas-Evangelium (ThF 36), Hamburg-Bergstedt 1964. – *E. E. Ellis*, Die Funktion der Eschatologie im Lukasevangelium: ZThK 66 (1969) 387–402. – *J.-D. Kaestli*, L'eschatologie dans l'oeuvre de Luc, Genf 1969. – *W. G. Kümmel*, Lukas in der Anklage der heutigen Theologie: ZNW 63 (1972) 149–165. – *J. Dupont*, Die individuelle Eschatologie im Lukasevangelium und in der Apostelgeschichte, in: Orientierung an Jesus (Festschr. f. J. Schmid), Freiburg 1973, 37–47. – *G. Schneider*, Parusiegleichnisse im Lukas-Evangelium (SBS 74), Stuttgart 1975 [weitere Literaturangaben ebd. 85 Anm. 1; 99–103].

[56] Siehe die in Anm. 55 genannten Arbeiten von *E. E. Ellis* und *W. G. Kümmel*, ferner: *F. O. Francis*, Eschatology and History in Luke-Acts: JAAR 37 (1969) 49–63; *S. G. Wilson*, Lukan Eschatology: NTS 16 (1969/70) 330–347; *R. H. Hiers*, The Problem of the Delay of the Parousia in Luke-Acts: NTS 20 (1973/74) 145–155.

die Zerstörung Jerusalems zurück. Die Kontinuität des dritten Evangelisten zu Paulus ist sicher nicht so unmittelbar zu begreifen, daß Lukas Begleiter (oder gar Schüler) dieses Apostels gewesen sei. Doch lebte er offensichtlich im Raum „paulinischer“ Gemeinden und schrieb für sie. Außerdem stand ihm die ursprünglich palästinische Jesusüberlieferung in einem Ausmaß zur Verfügung, daß er mehrere Quellen (Mk, die Logienquelle, Sondertraditionen) für seine Evangelienschrift verwenden konnte (Lk 1,1–4). Die eschatologischen Vorstellungen dieses Evangelisten entsprechen – gemessen an Paulus – deutlich einem späteren Erfahrungsstand, und Lukas hat auch die Botschaft Jesu vom nahen Reich Gottes charakteristisch umgedeutet.

4.2. Das heilsgeschichtliche Schema

Die „heilsgeschichtliche“ Auffassung des dritten Evangelisten hat Hans Conzelmann eindrucksvoll herausgearbeitet. Freilich ist zu beachten, daß Lukas die Grundzüge seiner Vorstellung nirgends systematisch als Schema niedergeschrieben hat. Der Grundzug seiner Darstellung ist eine Auffassung vom Geschichtsplan Gottes, den dieser in Etappen gemäß seiner Vorsehung realisiert und endlich auch zu Ende führen wird. Der Beginn ist durch die Schöpfung bezeichnet. Diese stellt den Grenzpunkt der heilsgeschichtlichen Betrachtung dar, dem als Grenzpunkt am anderen Ende die Parusie entspricht. Zwischen diesen Punkten verläuft die Geschichte in drei Phasen. Auf die *Zeit Israels,* des Gesetzes und der Propheten, folgt die *Zeit Jesu* als „Mitte der Zeit“ und Vorausdarstellung des künftigen Heils; als dritte Epoche gilt die *Zeit der Kirche* und des Geistes, das letzte Zeitalter[57]. „Wie sich Israel seiner Verheißung vergewissern konnte, so wird es die Kirche können. In ihr bleibt der Ertrag der Jesuszeit wirksam. Das zeigt das Phänomen des Geistes“[58].

4.3. Verheißung und Erfüllung

4.3.1. In der Darstellung Conzelmanns wird zu wenig sichtbar, daß Lukas die Zeit Jesu engstens mit der Zeit der

[57] *H. Conzelmann,* Die Mitte der Zeit (s. Anm. 55) 139 f.
[58] Ebd. 140.

Kirche verbunden sieht. Beide Epochen sind durch die Gottesreichsverkündigung miteinander verbunden und werden insofern der Zeit der prophetischen Ankündigung gegenübergestellt (Lk 16,16). Doch die Zeit Jesu und die der missionarischen Basileiaverkündigung der Kirche sind noch nicht Voll-Erfüllung der prophetischen Verheißung. Erst bei der Parusie wird *alles* realisiert sein, was Gott durch seine Propheten vorherverkündigt hat (Apg 3,20 f.).

4.3.2. Lukas sieht die Heilsgeschichte sich vollziehen in einer ständigen Korrespondenz von Verheißung und Erfüllung. Und so sind die Erfüllungsereignisse im Auftreten Jesu und im Leben der frühen Kirche Vergewisserungen der endlichen Voll-Erfüllung bei der Parusie. Lukas hofft, seinen Lesern damit die „Gewißheit" (Lk 1,4) zu vermitteln, die frühere Verkündiger so nicht anbieten konnten. Er wird bei der Durchführung seines Zieles notwendig zum Geschichtsschreiber, der auf Jesus und die Anfänge der Kirche zurückblickt. Deshalb ist es wohl nicht zutreffend, daß Lukas „durch das Faktum seiner Geschichtsschreibung" gerade das „Problem der Parusieverzögerung" zu lösen versuchte[59]. Freilich bleibt es nicht aus, daß zur Zeit des Evangelisten der Abstand zwischen Ostern und der Parusie entsprechend der Erfahrung am Ende des Jahrhunderts gedehnt erscheint[60] und Lukas den Versuch unternimmt, das Problem der Naherwartungsaussagen seiner Jesusüberlieferung zu lösen[61].

4.4. Anwesenheit des Gottesreichs in der Person Jesu

Einen möglichen Weg hat er bei diesem Versuch wohl schon von der Tradition vorgezeichnet gefunden. Hatte die Verkündigung Jesu in ihren Naherwartungslogien bzw. Gegen-

---

59 So hingegen *E. Gräßer*, Das Problem der Parusieverzögerung (s. Anm. 8) 215.

60 *Ph. Vielhauer*, Zum „Paulinismus" (s. Anm. 55) 24, hebt insofern richtig hervor: „Die Zeit zwischen Pfingsten und Parusie ist Zeit des Geistes und der progressiven Missionierung der Welt, also sich steigernde Heilsgeschichte."

61 Vgl. dazu neuerdings meine Studie: Parusiegleichnisse im Lukas-Evangelium (s. Anm. 55).

wartsaussagen über das Gottesreich bereits in seinem eigenen Wirken den beginnenden Anbruch der Basileia gesehen, so sieht Lukas das Reich deutlich in der *Person Jesu* anwesend[62]. Im Rückblick auf die Geschichte Jesu kann erkannt werden, daß in ihm das Reich sichtbar wurde, jenes Reich, das in der Zeit der Kirche verkündigt wird[63]. Zu der nachösterlichen Reichsverkündigung der Jesusjünger gehört wesentlich das Kerygma über Jesu ganze Wirksamkeit, seinen Tod und seine Auferweckung (Apg 1,21 f.; 10,36–43; 28,31).

4.5. Das eschatologische Verzögerungsproblem

Der dritte Evangelist hat die ihm überlieferten Naherwartungstexte durchgehend bearbeitet. Er tilgte sie nur in seltenen Fällen (z. B. Mk 1,15). Weitgehend interpretierte er sie im Gefolge der eschatologischen Verzögerungsproblematik neu (z. B. 9,27; 10,1.9; 12,35–48; 17,20–37; 18,8 b; 19,11–27; 21,8.32; 22,69). Lukas betont im allgemeinen den plötzlichen Anbruch des Endes und der Parusie, nicht mehr deren zeitliche Nähe. Er mahnt – im Anschluß an seine Quellen – zu einer steten Bereitschaft (17,24–30; 18,8 b) und zum anhaltenden Gebet (18,1). Insofern haben wir eine Verschiebung von der Naherwartung zur Stetsbereitschaft zu verzeichnen. Doch ist weder die Betonung der Plötzlichkeit noch die heilsgeschichtliche Konzeption des Evangelisten traditionsgeschichtlich neu.

---

62 Symptomatisch dafür scheint mir zu sein, wie Lukas in der Aussendungsrede Jesu mit Hilfe der Einleitung (Lk 10,1) die Ankündigung der Nähe des Reiches (10,9 par Mt 10,7) auf die Nähe *Jesu* umdeutet, freilich aber auch die überkommene Deutung auf die Krankenheilungen beibehält. Siehe ferner *O. Merk*, Das Reich Gottes in den lukanischen Schriften, in: Jesus und Paulus (Festschr. f. W. G. Kümmel), Göttingen 1975, 201–220.

63 Vgl. den lukanischen Ausdruck von der „Verkündigung" der Basileia Lk 4,43; 8,1; 16,16; Apg 8,12; siehe auch Lk 9,2; Apg 20,25; 28,31. Gegen die Ansicht *H. Conzelmanns* (Die Mitte der Zeit [s. Anm. 55] 104), bei Lukas rücke das Reich Gottes „in die metaphysische Ferne", argumentiert *O. Merk* (a.a.O. 209 f.) und kommt zu dem Schluß, daß „in Jesus das Reich und damit Gottes Handeln" da ist, „nicht nur das Wesen eines fernen Reiches" (210).

Vielmehr muß der systematische Versuch, das Verzögerungsproblem zu beantworten, als Novum registriert werden. Die Lösung des Lukas geht in eine zweifache Richtung.

4.6.1. Einmal wird auf die weltweite Evangeliumsverkündigung verwiesen, die zur Zeit des Lukas offensichtlich ihr Ende noch nicht erreicht hat (Apg 28,28). Sie muß und wird indessen nach Gottes Heilsplan zu diesem Ende kommen. Die Notwendigkeit der Zeugenschaft „bis ans Ende der Erde" erkennt Lukas aus der Schrift, deren Verheißungen insgesamt in Erfüllung gehen müssen (Lk 24,44–46; Apg 1,7 f; 3,20 f.). Der Geist als die durch Jesus von Gott geschenkte Kraft ermöglicht nicht nur die Zeugenschaft der Apostel, sondern gibt auch der Gemeinde die Möglichkeit, die Terminfrage aus dem Parusiethema auszuklammern (Apg 1,6–8)[64].

4.6.2. Auf der anderen Seite „individualisiert" Lukas verschiedentlich die Parusieerwartung[65]. Schon die lukanische Bearbeitung der Makarismen der „Bergpredigt" mit der Einfügung des „jetzt" (Lk 6,20 f.) läßt an die zu ihren Lebzeiten („jetzt") Armen, Hungernden und Weinenden denken, denen das Reich zugesprochen wird. Sie sollen *nach dem Tod* von Gott das Heil erlangen. In die gleiche Richtung geht die lukanische Bearbeitung von Mk 13,13 b. Das Jesuswort, das sich auf die Parusie bezieht, wird von Lukas auf ein Aushalten bis zum Tod interpretiert (Lk 21,19). Dem Schächer verheißt der gekreuzigte Jesus, daß er „heute noch" mit ihm im Paradies sein werde, am Tag seines Sterbens (23,43). Der Kontext zeigt, daß mit dieser Zusage die Erwartung der Heilsvollendung bei einem fernen Basileia-Anbruch „korrigiert" wird (vgl. 23,42). In besonders eindrucksvoller Weise zeigt die Stephanuserzählung, wie Lukas

---

64 Deshalb kann man nicht mit *E. Gräßer*, Das Problem der Parusieverzögerung (s. Anm. 8) 203, die Geistverheißung Lk 24,49 im Sinne des Evangelisten als „Ersatz" für die Verheißung des nahen Endes bezeichnen.

65 Siehe dazu *J. Dupont*, Die individuelle Eschatologie (s. Anm. 55), und *G. Schneider*, Parusiegleichnisse (s. Anm. 55) 78–84.

die Parusieaussage vom kommenden Menschensohn (Mk 14,62 i. U. zu Lk 22,69) umdeutet auf den himmlischen Menschensohn, der seinen verfolgten und sterbenden Zeugen empfängt (Apg 7,55–60) und so für ihn verwirklicht, was die traditionelle Erwartung für den Parusietermin in Aussicht stellte[66].

4.6.3. Ebensowenig wie bei Paulus kann bei Lukas die Rede davon sein, daß er individual-eschatologische Vorstellungen mit der Verkündigung der umfassenden Endereignisse zum Ausgleich bringt oder gar über einen „Zwischenzustand“ der Verstorbenen bis zur Parusie reflektiert. Dennoch bleibt zu fragen, ob die individual-eschatologische Antwort eine bleibende Möglichkeit eröffnet, die Naherwartung der Heilsvollendung auch heute noch zu realisieren.

5. Folgerungen

Bevor die Ergebnisse der bisherigen Informationen über die Eschatologie Jesu, des Paulus und des Lukas in die Frage nach einer zutreffenden und unverkürzten Interpretation für unsere Zeit übergeleitet werden, sollen sie kurz zusammengefaßt werden.

5.1. Gewonnene Erkenntnisse

Die Überzeugung vom wenigstens zeichenhaften Anbruch der Gottesherrschaft in Jesus, seinem Wirken und seiner Verkündigung, ist in Jesu eigener Basileiabotschaft begründet. Sie verbindet Paulus und Lukas mit Jesus, wenn sie auch bei Paulus zur Überzeugung von der „Gerechtigkeit Gottes“ transformiert erscheint (Röm 1,16 f.). „Die Zukünftigkeit und Gegenwärtigkeit der Königsherrschaft Gottes liegen in der Person Jesu beieinander“[67]. Person Jesu und „Sache Jesu“ liegen ineinander. Und dieses Ineinander macht das „Proprium“ der Eschatologie Jesu und der urchristlichen Eschatologie aus[68]. Freilich erhält für letz-

---

[66] Vgl. *C. K. Barrett*, Stephen and the Son of Man, in: Apophoreta (Festschr. f. E. Haenchen), Berlin 1964, 32–38, näherhin 35 f.

[67] *E. Gräßer*, Die Naherwartung Jesu (s. Anm. 4) 136.

[68] Ebd. 137 f.

tere das vergangene, die Gegenwart bestimmende Ereignis des Heilstodes Jesu ein so starkes Gewicht, daß der Hoffnungs*grund* die christliche Existenz (Röm 6,1—11) und die Gegenwart (Lk 2,29—32; Apg 10,36—43) bisweilen stärker bestimmt als die *Hoffnung* auf die Endvollendung. Das Parusiethema ist z. B. bei Lukas weitgehend zu einem „locus de novissimis“ geworden[69]. In keinem der eschatologischen Entwürfe ist jedoch die Spannung zwischen dem eschatologischen Jetzt und dem noch ausstehenden Dann aufgegeben. Sie ist vielmehr für die Struktur christlichen Glaubens und Hoffens unabdingbar.

5.2. Folgerungen für eine zeitgemäße Interpretation

Soll christliche Hoffnung in unserer Zeit nicht pervertiert, sondern neu belebt und realisiert werden, so wird man entschieden Abstand nehmen müssen von einem bloß dem Vergangenen verhafteten Christentum und einem Bewußtsein, das im „Jetzt-schon“ der Heilsgegenwart sein Genügen finden möchte. Es gilt also, die Zukunftsdimension als Hoffnung zu realisieren. Daß dabei Gotteslob und Danksagung für die Praesentia salutis nicht aufgegeben werden dürfen, sollte selbstverständlich sein. Doch wie kann eine hoffende Erwartung des Gottesreichs heute verwirklicht werden?

5.2.1. Trifft es zu, daß eine Wiederbelebung der Parusiehoffnung „nur im Kontext einer politischen Theologie“, d. h. „als Appell zur Weltveränderung im Sinne des Evangeliums“[70], erfolgen kann? Ging es der Botschaft Jesu wirklich um „jenes Reich, in dem die Herrschaftsstruktur der bestehenden Gesellschaft ihr radikales Ende findet“[71]? Muß die eschatologische Verkündigung Jesu „unter Verzicht

---

[69] So schon *Ph. Vielhauer*, Zum „Paulinismus“ (s. Anm. 55) 23.

[70] *F. J. Schierse*, Exegetische Informationen über Eschata, Fortschritt und gesellschaftliches Engagement in der Sicht des Neutestamentlers, in: Scherer / Kerstiens / Schierse u. a., Eschatologie und geschichtliche Zukunft, Essen 1972, 119—135, näherhin 133.

[71] *H.-W. Bartsch*, Jesus, Prophet und Messias aus Galiläa, Frankfurt 1970, 107. Vgl. ebd. 124: „Jesus hat . . . das Gottesreich inhaltlich und seinem Wesen nach als eine Umwandlung der Sozialstruktur verkündigt.“

auf den weltbildlich antiken Rahmen in die von Menschen selbst geschaffenen Zukünfte" umgesetzt werden[72]? Derartigen Versuchen gegenüber ist gewiß einzuwenden, daß es der Botschaft Jesu ebensowenig um ein „Reich der Innerlichkeit" ging wie um „zelotisch" betriebene Programme der Weltverbesserung[73].

Dem Charakter der jesuanischen Basileiabotschaft und der urchristlichen Parusieerwartung entspricht eher, daß wir uns der *Unverfügbarkeit der Weltvollendung* bewußt bleiben, obgleich wir den Auftrag zur Welt-Gestaltung und -Veränderung ernstnehmen müssen. Dies unterscheidet christliche Heilshoffnung wesentlich von „Utopien". Außerdem muß man fragen: Ergibt sich der Weltauftrag des Christen nicht eher aus dem gnadenhaften „Jetzt-schon" der christlichen Existenz[74]? Und beginnt nicht das durch die Kreuzesbotschaft und die exemplarisch-jesuanische Pro-Existenz motivierte und ermöglichte „politische" Wirken der

---

[72] So die Formulierung von *S. Schulz*, Q. Die Spruchquelle der Evangelisten, Zürich 1972, 487. Schulz fährt fort: „Dieser eschatologische Grundzug . . . muß in die von Menschen für Menschen geplanten und fabrizierten Futura, in ihre politischen und humanen Zielvorstellungen hinein übersetzt und als transformatorische Praxis für die bestehende Wirklichkeit ausgearbeitet werden."

[73] Vgl. *J. Blank*, Das Evangelium als Garantie der Freiheit, Würzburg 1970, 11 f. Blank gibt zu bedenken, daß alle menschliche Mühe und Leistung das Reich Gottes nicht herbeiführen kann. „Sobald man derartige Gedanken bewußt oder unbewußt hegt, kommen zelotische Impulse mit ins Spiel, die, in welchem Gewand immer sie auftreten mögen, ob christlich oder marxistisch, jedenfalls von ideologischen und totalitären Implikationen und Intentionen nicht frei sind" (12).

[74] Zur paulinischen Begründung der Paränese vgl. etwa Röm 6,4; 12,3–8; 15,3.7; 1 Kor 5,7; 6,11; 12,12–31; 2 Kor 6,1; Gal 5,13.25; Phil 2,5; 1 Thess 5,4–10. *H. Schürmann*, Haben die paulinischen Wertungen und Weisungen Modellcharakter? : Gregorianum 56 (1975) 237–269, zeigt, daß Motive einer futurischen Eschatologie nicht so häufig sind wie solche der „Anamnese an das Heilswerk Christi und die Rückerinnerung an den Taufstand" (243). *J. Kremer*, Was heißt Parusie und Parusieerwartung heute? (s. Anm. 46), deutet die Gerichtsankündigung so, daß er auf die Verantwortlichkeit des Christen abhebt: „Es geht um das Leben im Blick auf den Auferstandenen, der der kommende Herr ist und dem wir deshalb Rechenschaft schuldig sind" (265).

Christen beim je einzelnen[75], weil der Glaube nicht mit einem kollektiven Bewußtsein verwechselt werden darf?

5.2.2. Es ist darum der ernsthaften Erörterung wert, ob nicht das mit der Botschaft Jesu gemeinte Sachanliegen, näherhin die eschatologische Naherwartung, dergestalt belebt und realisiert werden kann, daß die Erwartung auf das jedem Menschen unverfügbar bevorstehende Todesereignis hin interpretiert wird[76]. Ist auf diesem Wege Naherwartung noch immer eine christliche Möglichkeit? Eine derartige Deutung wäre gewiß nicht unbiblisch, wie insbesondere die „Individualisierung" der Parusieerwartung im lukanischen Werk zeigt[77]. Doch hält dieses aktualisierende und das bisherige Ausbleiben der Parusie reflektierende Interpretationsschema im Neuen Testament und in der späteren Glaubensüberlieferung an den „kosmischen" und umfassenden Eschata fest. Man muß zugeben, daß in der Bezogenheit auf den eigenen Tod und das Schicksal nach dem Tod *wirkliche Erwartungshaltung* gegenüber der von Gott verfügten Endgültigkeit meines Lebens *möglich* ist.

Was bedeuten dann aber die Hoffnung auf die Totenerweckung am Ende der Zeit, die Parusie Christi und das „Leben der künftigen Welt", die wir im Glauben bekennen? Wahrscheinlich ist dieses Bekenntnis, auch wenn wir es nicht in Spekulationen oder Bildern explizieren können, doch mehr als eine „Leerformel"[78]. Zwar ist nicht zu verkennen,

---

[75] Siehe dazu *M. Hengel*, War Jesus Revolutionär? (Calwer Hefte 110), Stuttgart 1970; *ders.*, Gewalt und Gewaltlosigkeit. Zur „politischen Theologie" in neutestamentlicher Zeit (Calwer Hefte 118), Stuttgart 1971; ferner den Beitrag von *E. Gräßer*, Jesus und das Heil Gottes. Bemerkungen zur sog. „Individualisierung des Heils", in: Jesus Christus in Historie und Theologie (Festschr. f. H. Conzelmann), Tübingen 1975, 167–184. Vgl. auch *ders.*, Zum Verständnis der Gottesherrschaft: ZNW 65 (1974) 3–26.

[76] Hierher gehört z. B. der Versuch von *G. Lohfink*, Zur Möglichkeit christlicher Naherwartung (s. Anm. 4) 59–81.

[77] Siehe *J. Dupont*, Die individuelle Eschatologie (s. Anm. 55); *ders.*, Les Béatitudes III. Les évangelistes, Paris 1973, 100–147; *G. Schneider*, Parusiegleichnisse (s. Anm. 55) 78–84.95–98.

[78] Vgl. *K. Rahner*, Eschatologie, in: LThK² III (1959) 1094–1098; *K. Berger / K. Rahner*, Parusie, in: Sacramentum Mundi III (1969) 1029–1039.

daß es spiritualisierend verstanden und im Sinne einer weltflüchtigen Innerlichkeit gelebt werden kann. Das Bekenntnis kann jedoch dann mehr als „Leerformel“ sein, wenn es die persönliche Heilserwartung davor bewahrt, die *sozialen, politischen und kosmischen Implikationen unserer Hoffnung* zu ignorieren. Insofern kann also die christliche Hoffnung auch zur Hoffnung für diese unsere Welt werden.

5.2.3. Die Spannung zwischen der individuellen Erwartung und der Hoffnung auf das endgültige Gottesreich darf somit nicht aufgegeben werden. Gleiches gilt von der Zweipoligkeit der Hoffnung, die ihren Grund im geschichtlich zurückliegenden und dem Glaubenden widerfahrenen Heil hat und die sich doch auf die noch ausstehende Heilsvollendung richtet. Hätte sie die Zukunftsdimension nicht, würde sie sich selbstbewußt und selbstgenügsam ihrer Verantwortung vor Gott und den Menschen entziehen. Wäre sie sich jedoch des Grundes ihrer Hoffnung nicht mehr bewußt, ignorierte sie das Kreuz Christi, so würde sie fast zwangsläufig zur Utopie.

LUDWIG HÖDL

Jesu Heilsweg in den Sohnesgehorsam des Kreuzes

Neuansätze zu einer dogmatischen Kreuzestheologie

Das Apostolische Glaubensbekenntnis kommt im 2. Hauptartikel nach der Aussage über die geistgewirkte Geburt Jesu aus der Jungfrau Maria sofort auf den Kreuzestod zu sprechen[1] und übergeht gänzlich das lebzeitliche Wirken Christi; selbst die Taufe durch Johannes im Jordan findet keine Erwähnung, obgleich diese „Rahmenbestimmung" der synoptischen Evangelien auch in den bekenntnishaften Formulierungen der Missionspredigt in der Apostelgeschichte festgehalten wird.

> „Ihr wißt, was sich in ganz Judäa ereignet hat . . .: Die Geschichte Jesu von Nazareth, wie Gott ihn gesalbt hat mit heiligem Geist und Gotteskraft . . . Und wir sind Zeugen für alles, was er im Lande der Juden und in Jerusalem getan hat. Doch sie haben ihn umgebracht . . . Gott aber hat ihn auferweckt am dritten Tag und ihn sichtbar erscheinen lassen . . ." (Apg 10,37–40).

Die Struktur des Symbolums entspricht aber der paulinischen Predigt, die weithin keine Notiz nimmt vom lebzeitlichen Wort Jesu oder von seinen messianischen Handlungen. Paulus konzentrierte seine Predigt auf Christi Kreuz und Auferweckung. „Selbst wenn wir Christus in seinem irdischen Leben gekannt hätten", schreibt er in 2 Kor 5,16b, „kennen wir ihn jetzt so nicht mehr." Worauf es also im Glauben und in der Predigt ankommt, sagt der Apostel in Phil 3,10 unmißverständlich: „Ihn gilt es zu erkennen, die Macht seiner Auferstehung und die Teilhabe an seinem Leiden. Mit seinem Tode soll mein Geschick verbunden sein, um dann einmal zur Auferstehung von den Toten zu gelangen." Für Paulus hat sich demnach die Frage nach dem Jesus der Geschichte und dem Christus des Glaubens ein für allemal erledigt. Im Kreuzesgeschehen kommt die Geschichte des Lebens und der Sendung Jesu zur Entscheidung. In der

---

[1] Der Glaubensartikel hatte von Anfang an diese Struktur; vgl. Denz.-Schönm. 10 (für die westlich-lateinische Überlieferung des Symbolums) und Denz.-Schönm. 40 bzw. 125 (für die griechische).

Begegnung mit dem Auferstandenen und in der Gemeinschaft und Solidarität mit dem Gekreuzigten enträtselt sich für den Apostel die Geschichte Abrahams und des Moses, die Geschichte Adams, des Menschen und seine Geschichte; Jesu Lebensgeschichte reicht zurück und hinein bis in die letzten Gründe der Adamsgeschichte. Nur wenn man Jesu Lebensgeschichte biographisch isoliert, kann jene nun sattsam bekannte und diskutierte Frage nach dem geschichtlichen Jesus überhaupt auftauchen und in dieser Isolation möglicherweise gar nicht mehr beantwortet werden. Im Kreuzestod kommt die Lebensgeschichte Jesu Christi zur Entscheidung; im Tode wird offenkundig, wer und was Jesus war. Der Tod ist sein „ipsissimum verbum" und sein „ipsissimum factum". Und mit Jesu Lebensgeschichte kommt zugleich die Geschichte Israels in seiner Passion zur Entscheidung. Das Kreuz ist in der Tat sein Geschichtsbuch!

Zur Passionsgeschichte gehört die Osterbotschaft. Kreuz und Auferweckung gehören zusammen; sie gehören im je-Eigenen und je-Unterschiedlichen zusammen. Das Kreuz, der ‚terminus ad quem' der Entäußerungsbewegung des fleischgewordenen Logos ist zugleich der ‚terminus a quo' der Erhöhung. So sieht es Paulus im Christushymnus des Philipperbriefes; so versteht das 4. Evangelium die Erhöhungsbotschaft. Zu Unrecht hat W. Thüsing Kreuzeserhöhung und österliche Verherrlichung auseinandergenommen[2]. Der sich in der Passion total und radikal für die Welt weggibt, ist gerade in dieser Hingabe der Gegenwärtige; der von sich weggeht, kommt auf den Menschen zu als Geistträger und Geistmittler. „Ich gehe weg und komme zu euch zurück", Joh 14,28 drückt diese Existenzbewegung sehr deutlich aus.
Vom Kreuzesgeschehen her ist Ostern keine utopische Hoffnung mehr, im Gegenteil, sie hat ihren konkreten geschicht-

[2] *W. Thüsing*, Die Erhöhung und Verherrlichung im Johannesevangelium (NTA XXI/1—2) Münster ²1970; *J. Blank*, Krisis. Untersuchungen zur Johanneischen Christologie und Eschatologie, Freiburg 1964.

lichen Ort und Grund. Was hier, im Kreuzestod, geschehen ist, was Christus hier getan hat, ist der Aufweis, daß die Liebe stärker ist als der Tod (Cant. 8,6). Aus dem Grab des Rechthabens ersteht ein neues Recht[3], das die Gerechtigkeit für unsere Sünden in die Gerechtigkeit für das Leben verwandelt. „Um unserer Übertretungen willen hat ihn Gott dahingegeben und um unserer Rechtfertigung willen auferweckt" (Röm 4,25). Die Kreuzesgerechtigkeit aus der Lebenshingabe für die Sünden wird in der Auferweckung als Gerechtigkeit neuen Lebens proklamiert. Und wo immer der Auferstandene seine Lebensmacht geltend macht, dort erscheint sie in neuer Gerechtigkeit der Freiheit und Sohnschaft des Geistes. – Eben dies und nur dies stört an des hl. Anselm Satisfaktiontheorie, daß sie keinen Blick freigibt auf das neue Recht und die neue Gerechtigkeit des Auferstandenen.

Umgekehrt bringen das Ostergeschehen und die Auferstehungsbotschaft erst die volle Wahrheit des Kreuzesgeschehens ans Tageslicht. Was in der Passion wirklich geschehen ist, macht die Auferweckung wahr und offenbar. Wirklichwahr ist keine Steigerung des Wahrseins, das Wirklich-Wahre erfüllt die ganze Hoffnung und Erwartung und das Vertrauen, das wir in alles Wirkliche setzen. Der scholastische Wahrheitsbegriff ist kaum geeignet, diesen Sachverhalt auszudrücken, denn das Wirklich-Wahre ist weniger die Übereinstimmung zwischen dem Denken und der Wirklichkeit als vielmehr die Übereinkunft zwischen dem Wirklichen und dem Erwarteten, Erhofften und Gedachten.

Die Identität des Auferstandenen mit dem Gekreuzigten darf nicht als monotone Selbigkeit verstanden werden; je tiefer aber die Differenz gesehen wird, desto tiefer muß auch das Verständnis der Einheit ergründet werden. Der Gekreuzigte hat in seiner Passion die Identität nicht verloren. Man konnte ihn schmähen, entehren, ausstoßen, man konnte ihm aber seine Identität nicht rauben. Er scheiterte

---

[3] Ein Gedanke des jüdischen Religionsphilosophen *M. Buber*: Der Jude und sein Judentum. Gesammelte Aufsätze und Reden, hrsg. von *R. Weltsch*, Köln 1963, 801.

im Tode nicht und ging darin nicht zugrunde, er schritt durch seine Henker und Mörder, Verräter und ungerechten Richter hindurch und bewährte sich gerade so als Knecht Gottes, als Lamm Gottes. Das Ostergeschehen ist aber nicht einfach nur die Bestätigung oder Bekräftigung, daß die Sache Jesu gut war. Die Selbstbezeugung des Auferstandenen ist unableitbar, unerfindbar und unverwechselbar; kein Toter und kein Begrabener wird durch die Erinnerung lebendig. Und in neuer Lebendigkeit bezeugt er Gottes neue Gerechtigkeit, das Gnaden-Recht für Israel und die Welt. Und gerade darin, daß er die Jünger und Apostel von dieser Gerechtigkeit überzeugt, in seinem Recht zur neuen Gemeinde sammelt, erweist er sich als der Lebendige, der lebt und herrscht. Aus dem Grabe des Rechthabens kommt er in der Geisteskraft der neuen Gerechtigkeit auf die Gemeinde zu. Was so im Ostergeschehen ans Licht kam, durch die apostolische Predigt offenbar gemacht wurde, kam in der Passion zur Entscheidung. Die biblischen Passionsberichte lassen erkennen, daß die (österliche) Gemeinde durch Jesu Kreuzestod zum Glauben an ihn, den Christus (Messias), den eingeborenen Sohn, ihren Herrn kam (1). Das Kreuzesgeschehen ist Maß und Mitte der neutestamentlichen Gottesoffenbarung, der Offenbarung des dreieinigen Gottes (2). In dieser Themenfolge muß die Passionsgeschichte auf die Trinitätstheologie bezogen werden, und ihre Inhalte müssen vom Trinitarischen her erschlossen werden, denn eine Offenbarungstheologie des Kreuzes, des Leidens und Sterbens Jesu Christi, kann nur, wie Urs von Balthasar mit Recht sagt[4], „trinitarisch durchgehalten werden". Der soteriologische und anthropologische Kontext, wie er sich in den Erlösungstheorien niedergeschlagen hat, resultiert aus der trinitarisch vermittelten Passions- und Kreuzestheologie, denn nur eine auf den trinitarischen Gott bezogene Passionsgeschichte ist auch für den Menschen, sein Leben und seine Geschichte offenbarend.

---

[4] *H. Urs von Balthasar*, Mysterium Paschale: Mysterium Salutis. Grundriß heilsgeschichtlicher Dogmatik, hrsg. von *J. Feiner* und *M. Löhrer*, III.2: Das Christusereignis, Einsiedeln 1969, 226.

1. Die biblischen Passionsberichte und das apostolische Christusbekenntnis

Nach dem Zeugnis der Evangelien erlangen die christologischen Würdenamen – die Urworte des christlichen Glaubens – in der Kreuzesbotschaft ihre entscheidende und grundlegende Bedeutung. Diese Feststellung ist durch die biblische Theologie über die sogenannten christologischen Hoheitstitel vielfach dargelegt worden[5].

a. Zeit seines öffentlichen Wirkens nahm Jesus den messianischen Würdenamen für sich nicht in Anspruch. Ja, das Schweigegebot Jesu gegenüber dem Messiasbekenntnis der Jünger (Mk 8,30) zeigt, daß Jesus auch dem messianischen Ruf, den sein Handeln verbreitete, entgegentrat. Auf die Anfrage des Täufers: „Bist du der Kommende" (d. h. der Messias) „oder sollen wir auf einen anderen warten" (Mt 11,3) verweist er zwar auf die Zeichen der messianischen Heilszeit: „Blinde sehen und Lahme gehen; Aussätzige werden rein und Taube hören; Tote werden auferweckt und Armen wird das Heil verkündet" (Mt 11,5), aber er beantwortet die Frage nicht direkt und läßt auch den Täufer in dieser letzten Unsicherheit. Diese Offenheit des „messianischen Wirkens" ist ein inneres Moment der Sendung Jesu und deren Geschichte.

Die synoptischen Evangelien lassen Jesu Person und Wirken in einer sehr bemerkenswerten Offenheit hin auf die Zukunft, die seine volle personale Identität und die volle Wahrheit seiner Sendung hervorbringen sollte[6]. Die Zukunft geht

---

[5] *J. Ratzinger*, Einführung in das Christentum. Vorlesungen über das Apostolische Glaubensbekenntnis, München [4]1968, 164: „Heute können wir mit einiger Sicherheit feststellen, daß der Ursprungsort des Glaubens an Jesus als den Christus, das heißt der Ursprungsort ‚christ'-lichen Glaubens überhaupt, das Kreuz ist." Der evangelische Theologe M. Kähler sagte schon 1912 in einer Vorlesung über das „Kreuz, Grund und Maß der Christologie" (Schriften zur Christologie und Mission [TBT 42, 1971] 302): „Ohne Kreuz keine Christologie und in der Christologie auch kein Zug, der nicht am Kreuz seine Berechtigung aufzuzeigen hätte." Vgl. *J. Moltmann*, Der gekreuzigte Gott (s. A. 25) 107–119.

[6] *J. Moltmann*, Der gekreuzigte Gott (s. A. 25) 100–104.

gewissermaßen durch Jesu Werk und Person hindurch. Gerade weil seine Person ganz und gar in seinem Wort aufgeht – in der doppelten Bedeutung des Wortes: eingeht und sich erschließt, kam sie erst in der ganzen Geschichte des Lebens und Wirkens voll zum Vorschein. Und in dieser vorandrängenden, Werk und Sendung, Sein und Würde offenbarenden Geschichte wuchs Jesus auch in seine Bestimmung, „leiden zu müssen", hinein. Die Gestalt des Gottes-Knechtes aus der Prophetie des Jesaja überformte sein Leben, sein Selbstverständnis, seine Sendung. Jesus ging weder ahnungslos auf den Kreuzestod zu, noch hat er ihn direkt gewollt[7]. Er hat sicher aber auch nicht einfach passiv dem auf ihn zukommenden Schicksal sich gebeugt, sondern sich frei in das harte Müssen gefügt. Seine Predigt von der anbrechenden Königsherrschaft Gottes, die Aufforderung zur vertrauenden, folgsamen Hinwendung zu Gott als unserem Vater, der nichts anderes will als den Gehorsam und das Vertrauen in seine gute Entscheidung und in seinen guten Willen, und Jesu Umgang mit den „Zöllnern und Sündern" im höchst anstößigen und provozierenden Gebrauch seiner Sohnesfreiheit, dies und vieles andere war in jeder Hinsicht für die herrschende Gottesvorstellung und die Gesetzesauslegung „so gotteslästerlich", daß die Verurteilung und Hinrichtung in der Konsequenz seines Handelns lagen. Der tiefste Grund dieses Anstoßes an der Sendung Jesu sind nicht Lehrunterschiede, andere Lebensgewohnheiten und provokatorische Verhaltensweisen, sondern der darin wirksame und offenbare Anspruch Jesu, den Sündern das Heil zu bringen und in einer unerlösten, heillosen Welt die Gottesherrschaft Jahwes auszurufen. Jesu jüdische Zeitgenossenschaft wußte aus ihrer ganzen Überlieferung sehr wohl um die Unerlöstheit der Welt, und sie betete jeden Tag um das Kommen des Reiches; aber der Gedanke an eine Erlösung in einer heillosen Welt, das Bild eines messianischen Heilsträgers und Heilsbringers in einer unerlösten Geschichte war ihr fremd, unerträglich, gotteslästerlich. „Hier liegt der Kern für

---

[7] *H. Schürmann*, Jesu ureigener Tod. Exegetische Besinnungen und Ausblick, Freiburg-Wien-Basel 1974, beschäftigt sich mit den jüngsten widersprüchlichen Auffassungen über Jesu eigenes Todesverständnis.

die Verwerfung Jesu durch Israel ...", schreibt Schalom Ben Chorin, der jüdische Theologe[8].
Die Kreuzesbotschaft predigt Jesus den Christus als den Gekreuzigten (1 Kor 1,23). Der Leidende, der Gekreuzigte bringt Heil und Erlösung zu den Leidenden. Der Ausgestoßene und Verurteilte bringt in seiner Verwerfung und Ausstoßung Gottes Gerechtigkeit zu den Erniedrigten und Entehrten. In der Passionsgeschichte beantwortet Jesus eindeutig die messianische Frage. „Da erhob sich der Hohepriester, trat in die Mitte und fragte Jesus ... ‚Bist du der Messias, der Sohn des Hochgelobten?' Da sagte Jesus: ‚Ja, ich bin es. Und ihr werdet den Menschensohn zur Rechten der Allmacht sitzen und auf den Wolken des Himmels kommen sehen'. Da zerriß der Hohepriester seine Kleider ... Sie sprachen ihn alle des Todes schuldig" (Mk 14,60 a, 61 b–63 a, 64 b). Im Passionsgeschehen nimmt Jesu Predigt und Sendung der nahe gekommenen Königsherrschaft eine neue und endgültige Wende. Der Gekreuzigte ist der zum Gericht kommende Menschensohn; in der Passion ist Jesus mit seinem Wort, seinem Handeln, seinem Leben und Selbstverständnis endgültig in der Gestalt des Menschensohnes und in dessen Amt und Vollmacht hineingeschritten[9]. In der (österlichen) Begegnung mit dem Auferstandenen kamen die Jünger zur Überzeugung, daß der gekreuzigte Menschensohn der erhöhte Throngenosse Gottes ist, durch Gott selbst in seiner messianischen Herrlichkeitsstellung eingesetzt. Diese Überzeugung: „Gott hat ihn (Jesus) zum Herrn und Messias gemacht" (Apg 2,36) konnte die Hoffnung auf die bevorstehende Parusie des Menschensohnes, die Naherwartung, wecken[10]; diese Überzeugung mußte aber auch die Jünger zur Einsicht bringen, daß in der Passion und im Kreuzestod des Menschensohnes bereits das Gericht über die sündeverfallene Welt geschehen und daß der Menschensohn in seinem Recht und in seiner Gerechtig-

[8] *Sch. Ben-Chorin*, Die Antwort des Jona, 1956, 99.

[9] *A. Vögtle*, Das Evangelium und die Evangelien. Beiträge zur Evangelienforschung. Kommentare und Beiträge zum Alten und Neuen Testament, Düsseldorf 1971, 30.

[10] Ebd. 288.

keit der Herr ist; „denn dazu ist Christus gestorben und wieder zum Leben gekommen: um über Tote wie Lebendige der Herr zu sein“ (Röm 14,9).

b. Der Gekreuzigte ist der „Herr der Herrlichkeit“ (1 Kor 2,8)! Der Apostel Paulus hat die Christ-kyrios-Prädikation in der Kreuzespredigt verankert: der Herr der Herrlichkeit am Kreuze! Von Ostern und der österlichen Erfahrung der neuen Gottes-Gerechtigkeit blickte Paulus auf das Kreuzesgeschehen, in dem diese Gerechtigkeit der Gnade entschieden und also auch Christi Herrsein offenbar wurde. Die Zeit und Machtfunktion des Gesetzes und der Gesetzes-Gerechtigkeit sind vorbei, vom Kreuz und Grab herkommend räumt der Auferstandene den neuen Äon ein[11]. In diesem neuen Leben ist er der Herr, dessen Herrlichkeit und Herrschaft einzig und allein das Leben, das postmortale, aus dem Grabe und Gerichte erstandene Leben ist. „Aus dem Grabe“ ist nicht nur eine zeitliche und örtliche Bestimmung des neuen und herrscherlichen Lebens Jesu Christi, sondern eine innere Qualifizierung: das im Tode bewährte und darüberhinaus bewahrte Leben ist die einzige Lebensmacht, deren Anspruch in der Tat Verheißung ist.

Die synoptischen Passionsberichte haben das Christ-Königs-Bekenntnis im „titulus crucis“ festgehalten. Die apostolische Gemeinde konnte den Schuldtitel nur als Formulierung ihres eigenen Kreuzesglaubens lesen und verstehen: „König der Juden“ (Mk 15,26). Als der Gekreuzigte, Verhöhnte und Verspottete (Mk 15,16–19) ist er der König. „Sein Gekreuzigtsein ist sein Königsein“[12]. Die biblischen Theologen und Schriftsteller sind aber keine Dialektiker, die den Widerspruch Kreuz und Herrlichkeit in einer höheren Einheit verstanden, vielmehr verkünden sie Jesu „kenosis“ (Erniedrigung) als sein Königsein. Die Passions- und Kreuzigungsberichte enthalten die Königsproklamation. Im zerschundenen, angespieenen, blutigen Gesicht des Gekreuzig-

---

[11] Von diesem Lebensraum, den der Auferstandene in seinem Geist-Leibe erschloß, heißt es im „Te Deum“ v. 17: „Du hast den Stachel des Todes überwunden und deinen Gläubigen die Reiche der Himmel eröffnet“.

[12] *J. Ratzinger*, Einführung in das Christentum (s. A. 5) 165.

ten erkannte die Gemeinde das Gesicht ihres Herrn, der als solcher im Passionsgeschehen nicht die Erniedrigung, Schändung, Unterdrückung der Menschen behoben, sondern deren Grund und Bedingungen überwunden hat. In seiner Passion hat er das Leid in allem Leid, nämlich die Lieblosigkeit, und in seiner Kreuzigung hat er die Gewalt in aller Gewalttätigkeit, nämlich das Böse, ausgelitten und ist so unser Herr geworden[13]. Und so ist er aufrecht aus dem Grabe hervorgegangen, und aus dem Grabe ist mit ihm die neue Gerechtigkeit erstanden. Die Leid- und Unheilsgestalt der Welt und Geschichte ist vom Grund und von den Bedingungen her überwunden, und die Chance der Möglichkeit einer heilen Welt ist in Christus erschlossen. Diese Chance oder Möglichkeit ist nicht einfach eine soteriologische Zielvorstellung oder eine vage Hoffnung, sondern ist konkrete Verheißung. Im Glauben an die Kreuzesbotschaft kann man nicht mehr nach den Bedingungen der Möglichkeit einer heilen, befreiten und erlösten Welt fragen; diese Frage wäre ebenso undankbar wie ungläubig. Die einzige Frage ist vielmehr, wie diese Chance wirksam genutzt werden kann.

c. In der Kreuzesbotschaft der apostolischen Überlieferung kommt schließlich auch das Christus-Gottes-Sohn-Bekenntnis zur Entscheidung. Dieses Bekenntnis ist die Mitte des christlichen Glaubens. Jesus ist der lebendige Sohn des lebendigen Gottes; er hat im Innersten der Zuwendung Gottes seinen Existenzgrund; Gottes Liebe umgibt und trägt ihn, und allezeit darf er in seiner Sendung des Segens Gottes gewiß sein[14]. Von dieser ihn tragenden und ihn erfüllenden Liebe des Vaters macht er in seiner Sohnesfreiheit und -sendung immer Gebrauch. Aus dieser erfüllten Mitte seiner Existenz redete Jesus Gott als seinen lieben Vater an, der ihm alles ist und für den er als der liebe Sohn alles sein darf[15]. Gottes Namen bedeutete Jesus alles; darin fand er

---

13 *J. Moltmann*, Der gekreuzigte Gott (s. A. 25) 49.

14 Mk 1,11: „Und eine Stimme vom Himmel her verlautet: ‚Du bist mein geliebter Sohn‘ (Ps 2,7), ‚an dir habe ich mein Wohlgefallen‘ (Jes 42,1).“

15 Lk 10,21 f.: „Zu dieser Stunde jubelte er (Jesus) im heiligen Geiste und sprach: ‚Ich preise dich, Vater, Herr des Himmels und der Erde, daß du dieses vor Weisen und Klugen verborgen gehalten hast,

seine Erfüllung und Bestätigung. Und gegenüber diesem Namen ist er der Namenlose, einfach der Sohn[16]. Des Vaters auctoritas ist der lebendige und gute Wille, der niemals in ein kodifiziertes Gesetz mit vielen Auslegungsbestimmungen gebannt werden darf. Gottes Wille ist nicht ein Gesetz, sondern das Gesetz des Alten Bundes ist vielmehr der lebendige Wille Gottes, der alles Vertrauen verdient. Im Vertrauen auf dieses Gottes Macht und gutes Wollen bestand der Sohn auch die Stunde des Todes, in der Sohn-Sein und -Sendung zur Entscheidung drängten.

Aber Jesu Tod ist der Tod des verlassenen und verlorenen Sohnes! „Übereinstimmend berichten die synoptischen Evangelien von seinem ‚Zittern und Zagen' (Mk 14,34 par.) und von einer Trübsal seiner Seele bis in den Tod. Er starb ‚mit großem Geschrei und Tränen', sagt der Hebräerbrief (5,7). Nach Mk 15,37 starb er mit einem lauten, unartikulierten Schrei"[17]. Die apostolische Gemeinde hat Jesu Todes-Schrecken-Schrei von Psalm 22 her gedeutet: „Mein Gott, o mein Gott, warum hast du mich verlassen!" (Mk 15,34 par.). Von diesem Psalm her kann der Todesschrei Jesu nicht als Schrei der Verzweiflung ausgelegt werden[18], vielmehr muß er im Sinne der alttestamentlichen Rechtsklage verstanden werden: der in den Tod Gegebene, Gestoßene klagt Gottes Gerechtigkeit und Hilfe ein. Lukas

---

um es Einfältigen zu enthüllen. Ja, Vater, so ist es dein Wille gewesen. Alles ist mir von meinem Vater übertragen; und niemand weiß, wer der Sohn ist, als allein der Vater, und wer der Vater ist, als allein der Sohn, und wem es der Sohn enthüllen will."

[16] Mk 14,36: „. . . und sprach: ‚abba, Vater, alles ist dir möglich, laß diesen Kelch an mir vorübergehen! Doch nicht, was ich will, sondern was du willst!' "; Mt 26,39; Lk 22,42.

[17] *J. Moltmann,* Der gekreuzigte Gott (s. A. 25) 139. Zum Todesschrei Jesu vgl.: *H. Schützeichel,* Der Todesschrei Jesu: TThZ 83 (1974) 1–16; *H. Urs von Balthasar,* Theologie der drei Tage, Einsiedeln 1969 (s. A. 4); *H. Mühlen,* Die Veränderlichkeit Gottes als Horizont einer zukünftigen Christologie, Münster 1969; *K. Rahner,* Der Tod Jesu als Tod Gottes: SM(D) II 1968, 951 f.; *J. Gnilka,* „Mein Gott, mein Gott, warum hast du mich verlassen?" (Mk 15,34): BZ 3 (1959) 294–97.

[18] *H. Gese,* Psalm 22 und das Neue Testament: ZThK (1968) 1–22; *L. Ruppert,* Jesus als der leidende Gerechte? Der Weg Jesu im Lichte eines alt- und zwischentestamentlichen Motivs (SBS 59) 1972.

hat den Klageschrei unterdrückt und dem am Kreuz Sterbenden das Wort des Vertrauens aus Psalm 31,6 in den Mund gelegt. „... für ihn starb Jesus nicht ‚gottverlassen', sondern als vorbildlicher Märtyrer"[19]. Die theologische Absicht des Evangelisten liegt offen zu Tage! Die ursprüngliche Überlieferung ist, daß Jesus mit dem Schrei des Schreckens gestorben ist. Der Tod verlor für den Sohn, der sein ganzes Vertrauen in die Liebe und Macht des Vaters im Himmel setzte, nichts an Schrecken; im Gegenteil, er mußte den Schrecken, im Tod vom lebendigen Gott verlassen zu sein, tiefer erfahren, weil er auch tiefer sein Leben aus diesem Grund vollzog. Der leidende Gerechte des 22. Psalmes leidet an der Herrlichkeit Gottes in der Welt, die in und mit dem Sterben des Gerechten auf dem Spiel steht. Sterbend klagte der Messias Gottes Ehre ein, nicht weniger leidenschaftlich und engagiert als der Prophet Jeremia in seiner Klage über das Scheitern seiner Arbeit und Aufgabe (Jer 15, 15 b–21). Was geschah aber hier wie dort, im Sterben Jesu, in der Not des Propheten? Jahwes Blick und Hand richten sich drohend gegen den Sohn und seinen Propheten, die Gottes Liebe und Macht einklagen und beschwören. In Jesus und auch im Propheten steht Gottes Ehre auf dem Spiel; Gott wendet sich gegen Gott; der Widerspruch trifft ihn selbst.
Und er allein muß Recht schaffen!
Aber die biblischen Zeugen und Theologen waren keine Heilsdialektiker, die den Widerspruch zur Zerreißprobe in Gott machten, die von einem Aufruhr in Gott redeten[20]. Gott allein vertritt seine Sache in der Geschichte vor aller Welt; er stellt seine Ehre, seine Herrlichkeit her. Der Kreuzes-Schreckensschrei des Gerechten und Heiligen Gottes reißt die Finsternis auf, zerreißt den Vorhang des Tempels und erschüttert den Unglauben des Heiden. Die apokalyptischen Ereignisse, die um den Todesschrei Jesu lagern, müssen in diesem Kontext des Gerichtes verstanden werden.

---

[19] *E. Lohse,* Märtyrer und Gottesknecht. Untersuchung zur urchristlichen Verkündigung vom Sühnetod Jesu Christi (FRLANT 46) ²1963.
[20] *J. Moltmann,* Der gekreuzigte Gott (s. A. 25) 138–146.

„Hier geschehen Gericht und Heil durch den Mund des Gekreuzigten. Durch den Schreckensschrei Jesu wird in der letzten Stunde der Welt die Finsternis beendet und vernichtet, der Tempel zerstört, indem der Vorhang zerreißt, und das Bekenntnis des Centurio hervorgerufen"[21]. Die Welt, Juden und Heiden, werden in ihrer Eitelkeit und Nichtigkeit bloßgestellt. Vor den Juden und Heiden erwies sich Gott in seinem Gerechten als der Heilige.
Dieses paradoxe Handeln, in dem Gott seinen ewigkeitlichen Heilsplan gegen das Planen der Menschen durchsetzt und ausführt, wird in der ganzen Passionsgeschichte offenbar. Es verdichtet sich in dem signifikanten Begriff des „tradere"[22]. Dieser kreuzes- und passionsgeschichtliche Begriff der Auslieferung hat eine komplexe theologische Bedeutung, die ebenso das verbrecherische, mörderische Handeln des Menschen am Menschensohn bezeichnet wie auch das freie heilschaffende Handeln Gottes. Im literarischen, geschichtlichen Kontext der synoptischen Passionsüberlieferung bedeutet der Begriff zunächst die Schuldgeschichte einer fortgesetzten Preisgabe und Auslieferung des Gerechten und Heiligen in die Hände der Bösen und der Sünder. Die Ankündigung des Verrates des Judas (Mk 14,17–21) und die Auslieferung Jesu in Gethsemani (Mk 14,43–46) eröffnen diese Geschichte des ‚tradere', durch die Übergabe Jesu an das höchste jüdische Gericht und die falsche Anklage vor ihm wird sie fortgeführt (Mk 14,53–65). Mit der Überlieferung des von den Juden Beschuldigten und Angeklagten an den heidnischen Richter, den römischen Reichsstatthalter (Mk 15,1–5), der Jesus „zur Kreuzigung übergab" (Mk 15,15) kommt die Geschichte ans Ende. In die Reihe der ‚traditores' mischen sich im Fortgang der Geschichte immer mehr Namen: Jünger Jesu, Hohepriester, Älteste, Schriftgelehrte, der ganze Hohe Rat in Jerusalem (Mk 15,1) und das Volk dieser Stadt (Mk 15,12). In diesem Prozeß des Auslieferns teilen sich Juden und Heiden in die nämliche Schuld, machen sich gegenseitig schuldig. Die Schuldigspre-

[21] *W. Schenk*, Der Passionsbericht nach Markus. Untersuchungen zur Überlieferungsgeschichte der Passionstraditionen, Gütersloh 1974.
[22] *W. Popkes*, Christus traditus. Eine Untersuchung zum Begriff der Dahingabe im Neuen Testament (AThANT 49) 1967.

chung des jüdischen Volkes, die in der Apostelgeschichte (2,23.36; 3,13 f. 4,10; 5,30; 10,39 f.) die Bekehrungspredigt motiviert, darf die Schuld der Heiden nicht verdecken, und deren Schuldig-Werden entläßt das jüdische Volk nicht aus seiner Schuld.

Der Heilige und Gerechte ist schutzlos der Willkür und der Bosheit der Sünder ausgeliefert und preisgegeben. Und in der Preisgabe des Heiligen Gottes, des Menschensohnes füllen Juden und Heiden das Maß der Ungerechtigkeit, der Widerspenstigkeit und Gottlosigkeit an. In diesem Prozeß wirken Übeltäter und Verbrecher und deren Komplizen mit allen möglichen Instrumenten der Bosheit und der Gewalt zusammen, um den Gerechten, den Heiligen Gottes umzubringen.

Der Menschensohn in den Händen der Menschen! Die Menschensohnlogien (Mk 8,31; 9,31 und 10,33) bringen diese komplexe Idee der Leidensgeschichte im voraus, im lebzeitlichen Wirken Jesu in Erinnerung, und für den Evangelisten Markus beginnt die Geschichte der Auslieferung Jesu schon in den Streitgesprächen, die er 3,6 mit der Bemerkung schließt, daß die Pharisäer sich von Jesus absonderten, mit den Herodianern konspirierten, „um ihn umzubringen". Ebenso distanzierten sich nach 3,20 f. seine Verwandten von ihm und nach 6,3 auch seine Mitbürger in Nazareth. Sie isolieren ihn und bringen so den Ausgestoßenen in ihre Gewalt.

Indem sich aber die Juden gegen die Verheißung der Königsherrschaft Jahwes sperren und dessen Messias ausstoßen, sperren sie sich selbst von der Verheißung des Reiches Gottes aus. In der Preisgabe des Menschensohnes in die Hände der Menschen wird zugleich das Preisgegebensein des Menschen an die Unheilsmächte offenkundig. In der Gewalttätigkeit liefert sich der Mensch der Gewalt aus! Im Unrechttun, im Haß und in der Lüge kommt der Mensch selbst unter die Gewalt des Bösen. Die Schuld kommt zugleich als Unheilsmacht über ihn, weil sie sich gegen den Menschen wendet[23]. Er verliert nicht nur die Kraft, das Rechte zu tun

23 Vgl. Num 32,23 in der Auslegung des *G. v. Rad*, Theologie des Alten Testaments Bd. I, München 1957, 265.

und Rechttun anzunehmen; er verliert Sinn und Empfänglichkeit für die Gerechtigkeit. Im Kreuzigungsgeschehen verbreitet sich die Finsternis über das ganze Land (Mk 15,33) und zeigt den Abgrund der Schuld an, in den das Land durch den Kreuzestod Jesu gerissen wurde. Die satanische Macht der Finsternis ist in der Passion Jesu am Werk, sie macht die Verantwortung und die Schuld der Menschen nicht geringer, sondern deckt das ganze Verhängnis und die Katastrophe auf. Hier wird bereits die Paradoxie sichtbar, die mit der Auslieferung des Menschensohnes gegeben ist: der Mensch in der Botmäßigkeit der Gewalttätigkeit.

In diesem Katastrophengeschehen der doppelten Auslieferung des Menschen ist Gott auf dem Plan, ist und bleibt Gott der Handelnde. Gott hat seinen Sohn preisgegeben (Röm 8,32, Joh 3,16)! Und auch dieses Handeln hat seinen Grund und Ort in der eudokia Gottes; Gott wagt den letzten Einsatz. Der Mensch kann sich in seiner ihm gewährten Freiheit gegen Gottes Heilsentscheid sperren; er kann sich der schenkenden Liebe Gottes widersetzen, aber er kann nicht aufhören, von Gott in ewigkeitlicher Erwählung und Liebe an Sohnes Statt Gerufener und Angenommener zu sein. Der Mensch kann Gottes Entscheidung nicht vereiteln; angesichts der Katastrophenlage gewinnt aber Gottes Heilsplan die Opfergestalt; und im Grunde des Opferweges Jesu hat auch der Sünder seinen Ort im Heilsplan Gottes. Diesen Ort der Rechtfertigung hat Gott dem Sünder eingeräumt; in seinem Sohn hat er uns gerufen und erwählt, in ihm hat er uns auch erlöst und befreit. „Der Satz, daß Gott seinen Sohn preisgibt, gehört zu den unerhörtesten Aussagen des Neuen Testaments; wir müssen das ‚dahingeben' im Vollsinn verstehen und es nicht zu ‚Sendung' oder ‚Geschenk' abschwächen. Hier ist das geschehen, was Abraham an Isaak nicht zu tun brauchte (vgl. Röm 8,32): Christus wurde vom Vater in voller Absicht dem Schicksal des Todes überlassen: Gott hat ihn hinausgestoßen unter die Mächte des Verderbens . . ."[24]. Gott selbst ist es, der in seiner eudokia und also nicht unter einem Gesetz stehend in Jesus Christus

[24] *W. Popkes*, Christus traditus (s. A. 22) 286.

seinen Plan durchsetzt. Er setzt seinen guten Willen und nicht einen fixierten Plan, sein rechtes Tun und Schaffen und nicht ein Gesetz gegen den Sünder durch, so zwar, daß diese seine Kreuzesgerechtigkeit zugleich die Gerechtigkeit des Sünders ist. Gott hat zur Schuld des Menschen und zum Unheil der Welt nicht geschwiegen. Er blieb nicht untätig! Er resignierte nicht! Er ließ es nicht einfach bei seiner unnahbaren und unantastbaren Herrlichkeit und Seligkeit seines ewigen trinitarischen Lebens bewenden, sondern er trat auf den Plan der Geschichte, um seine Herrlichkeit und Ehre nach außen, in der Welt und Geschichte, in einer heillosen Situation geltend zu machen. Die Passionsgeschichte ist Offenbarungsgeschichte, und sie muß darum allererst von Gott her als sein freies, personales, wirksames, heilschaffendes Handeln verstanden werden. Die klassischen Theorien über den Sühnetod oder die stellvertretende Genugtuung Christi deuten Gottes Handeln wesentlich von der Wirkung des Kreuzesgeschehens her, und diese Deutung hat ihren Grund, sofern sie das Kreuzesgeschehen von seiner geschichtlichen Wirklichkeit her verstehen lehrt. Diese Erlösungslehre „von unten", aus der Sicht ihrer Verwirklichung in der geschichtlichen Erfahrung und Erkenntnis der Kirche muß aber ergänzt werden durch eine Erlösungslehre „von oben", in der das Kreuzesgeschehen als Handeln des dreifaltigen Gottes begriffen wird. Die Passionsgeschichte Jesu ist Selbstaussage, Selbstoffenbarung und Selbstmitteilung Gottes.

2. Die trinitarische Kreuzestheologie

Die trinitarische Kreuzestheologie wird gegenwärtig u. a. auch von J. Moltmann als staurologische Trinitätslehre ausgelegt. Moltmann redet gewiß nicht der „Gott-ist-tot-Theologie" das Wort, im Gegenteil, er will von nichts anderem reden als vom Tod (Jesu Christi) in Gott, im dreifaltigen Gott, im Verhältnis des Vaters zum leidenden Sohn[25]. In

[25] *J. Moltmann*, Der gekreuzigte Gott. Das Kreuz Christi als Grund und Kritik christlicher Theologie, München 1972, hat im In- und Ausland stärkste Beachtung gefunden. Zu den Rezensionen vgl. EBB 55

diesem Zusammenhang spricht er „vom Leiden des Vaters am Tod des Sohnes . . . “. „Der Sohn erleidet das Sterben, der Vater erleidet den Tod des Sohnes. Der Schmerz des Vaters ist dabei vom gleichen Gewicht wie der Tod des Sohnes. Der Vaterlosigkeit des Sohnes entspricht die Sohneslosigkeit des Vaters, und wenn sich Gott als Vater Jesu Christi konstituiert hat, dann erleidet er im Tod des Sohnes auch den Tod seines Vaterseins. Anders hätte die Trinitätslehre noch einen monotheistischen Hintergrund“[26]. Die Passionsgeschichte ist ein Geschehen in Gott, das Kreuz des Sohnes ist im Innersten des Heilsplanes Gottes des Vaters situiert. Aber in diesem Geschehen ist nun einmal der Sohn der Leidende und Sterbende, nicht der Vater. Was der leidende und sterbende Sohn, Jesus Christus, in der Kreuzeshingabe und Todesverlassenheit dem Vater im Himmel ist, dessen Name, Herrschaft und gutes Wollen er heiligt, das ist auch der Vater im Himmel seinem Sohn, den er richtend, drohend, verurteilend in den Tod gibt. Gott wendet sich gegen Gott, weil der Widerspruch, die Widersetzlichkeit gegen ihn, ihn selbst trifft und angeht. Sterbend klagt der Messias, der erwählte und geliebte Sohn, die in seinem Tod geschändete Ehre und Herrlichkeit Gottes ein. Sterbend beschwört der eingeborene Sohn in seiner Angst die Liebe und die Macht des Vaters. Und die Klage des Christus ist die Rechtsklage Gottes durch seinen Christus; und die Beschwörung der Liebe Gottes durch seinen Sohn ist der Schwur der Liebe und der Macht Gottes gegen Lug und Trug der Geschichte des Menschen.

„. . ., Gott (selbst) *war* in Christus (2 Kor 5,19), was logisch einschließt: Gott (selbst) litt in Jesus, Gott selbst starb in Jesus für uns“[27]. Gott ist tot! Diese letzte Aussage steht nicht mehr in der Folge der biblischen Gedanken. Die bib-

---

(1974) nr. 3774; *ders.*, Der „gekreuzigte Gott“. Neuzeitliche Gottesfrage und trinitarische Gottesgeschichte: Conc (D) 8 (1972) 407–413; *ders.*, Gesichtspunkte der Kreuzestheologie heute: EvTh 33 (1973) 346–365; *ders.*, Gedanken zur „trinitarischen Geschichte Gottes“: ebd. 35 (1975) 208–223.

[26] *J. Moltmann*, Der gekreuzigte Gott (s. A. 25) 230.

[27] Ebd. 179.

lische Kreuzesbotschaft kommt nicht eilfertig und leichtfertig über das Vorgegebene und Nächstliegende des Geschehens hinweg, sondern verweilt bei diesem und läßt den verborgenen Grund der Geschichte der Passion mehr andeutungsweise und zeichenhaft aufscheinen, um so das Passionsgeschehen selbst vom Grund des lebendigen dreifaltigen Gottes her aufzuhellen. Und es ist in der Tat nicht unbedenklich, wie eilfertig die „Gott-ist-tot-Theologie" über das Nächstliegende der Geschichte hinwegkommt. Für sie ist darum das Kreuzesgeschehen nicht mehr das freie und souveräne Handeln Gottes; Gott ist im Kreuze Christi nicht mehr heilschaffend auf dem Plan, vielmehr ist das Kreuz das Schicksal Gottes. „... so kann man ebenso gut von ‚Gott' sprechen wie vom Teufel, vom Sein wie vom Nichts, vom Weltsinn wie von Absurdität"[28]. Eine vordergründige und vorschnelle Kreuzestheologie nimmt Gott auch im Negativen, im Absurden wahr; sie läßt Gott in den gekreuzigten Sklaven des Altertums, in den verbrannten Ketzern des Mittelalters oder in Auschwitz, Vietnam und anderswo leiden. Wer Gott hier und überall sterben sieht, übersieht die Kreuzesgeschichte auf Golgatha.

Aber auch die staurologische Trinitätslehre Moltmanns, deren Orthodoxie und theologischer Scharfsinn nicht in Zweifel gezogen werden können, kommt zu eilfertig auf das Grundlegende zu. Gott selbst war in Christus, dem Gekreuzigten (2 Kor 5,19), heißt theologisch: Gott hält sich nicht zurück und heraus! Hier im Kreuzestod Jesu ist er in seiner lebendigen Liebe präsent, die stark und frei ist, sich im Sohne dahinzugeben, um in dieser Hingabe die überströmende Liebe des Geistes zu erweisen. Hier im Kreuzestod demonstriert und definiert Gott die Liebe, die stärker ist als der Tod, für die darum der Tod auch nicht das Letzte, das Ende, der Untergang ist. Und gerade deshalb kann das Wort vom leidenden und sterbenden Gott nicht für sich stehen bleiben; es bleibt gebunden an die Geschichte – freilich so, daß alles, was in dieser Geschichte geschieht, auf ihn, den gekreuzigten Gott bezogen wird. So kommen wir nicht

---

[28] Ebd. 206.

umhin, dieses Geschehen immer wieder in acht zu nehmen und zu betrachten, allerdings nicht in einer „theoria crucis", die Schuld und Leid verrechnet, Sühne und Vergebung abwägt, Buße und Heil kondizioniert, sondern in einer „memoria passionis", die sich auf das Geschehen einläßt. Das Glaubensbekenntnis der Gemeinsamen Synode der Bistümer in der BRD „Unsere Hoffnung" memoriert das Leben und Sterben Jesu Christi als Hoffnungsgeschichte und weist so den Weg einer „theoria crucis", die ihre Aufgabe nicht darin sieht, den Sinn des Kreuzesgeschehens „theoretisch" festzustellen, sondern den Hörer der Botschaft in die Mitte dieses Geschehens zu stellen[29].

Die „theologia crucis" hielt es in der Geschichte der Theologie für ihre Aufgabe, Sinn und Bedeutung des Kreuzestodes Jesu in einer Theorie der Sühne und des Opfers, der Satisfaktion und Versöhnung zu erhellen[30]. Und diese Theorien bleiben gerade auch für die „memoria passionis" gültig, sofern sie das Auge des Glaubens, die Acht und Aufmerksamkeit in den Grund des Geschehens lenken und versenken. Der Theologe muß aber auf der Hut sein, in einer „theoria crucis" sozusagen mit der Leidensgeschichte Christi und der Menschheit „fertig" zu werden[31]. Keine Theorie darf mißbraucht werden, gewissermaßen im Nachhinein die Leidensgeschichte zu begründen oder gar zu rechtfertigen. Dieser Gedankengang wäre am Ende ein Ausweg aus der Leidensgeschichte, der Versuch andere und anderes dafür haftbar zu machen: Adam hat das Unheil über die Menschen gebracht! Die Juden haben den Herrn Jesus gekreuzigt! Die Sünder halten die Unheilsgeschichte der

---

29 *J. B. Metz* und *J. Moltmann*, Leidensgeschichte. Zwei Meditationen zu Markus 8,31–38, Freiburg-Basel-Wien 1974. Wesentliche Gedanken aus dem Beitrag von *J. B. Metz* sind auch in den Synodenbeschluß eingegangen: „Unsere Hoffnung. Ein Bekenntnis zum Glauben in dieser Zeit": Synodenbeschlüsse 18.

30 Zur Theologie- und Dogmengeschichte der Versöhnungslehre vgl. *J. Rivière*, Le dogme de la rédemption au début du moyen âge (BiblThom 19) 1934; *ders.*, Le dogme de la rédemption. Études critiques et documents (BRHE 5) 1931.

31 Vgl. Synode der Bistümer der BRD, Beschluß „Unsere Hoffnung" (s. A. 29).

Menschheit in Gang! Solche Gedanken offenbaren die unheimliche Kunst und Fertigkeit des Menschen, sich angesichts des Kreuzes zu entschuldigen, einen plausiblen Grund zu finden, selber nicht beteiligt zu sein. Keine noch so objektive Kreuzestheorie darf das „scandalum crucis" aufheben. „Das Kreuz ist das ganz und gar Inkommensurable in der Offenbarung Gottes"[32]. Das Paradoxon des Kreuzes-Königs, des gerichteten Richters und gottverlassenen Sohnes Gottes kann kein Gedankengang auflösen; es fordert vielmehr eine grundsätzlich neue Orientierung des Denkens, eine neue Denk- und Verstehensweise. Das Paradoxon der Selbsthingabe Gottes in den Tod kann nur in einer grundlegenden Sinnesänderung verstanden und bejaht werden. Paulus leitet das Kreuzeslied in Phil 2,6–11 mit diesem Appell an die Gesinnungsänderung ein: „Hegt diese Gesinnung in euch, die in Christus Jesus ist!" Die Kreuzesbotschaft stiftet im Glaubensgehorsam dem Denken einen neuen Sinn ein und schafft so jenen Gesinnungswandel, der auch das Leben wandelt. Diese durch den Logos am Kreuz veränderte Gesinnung macht nicht nur das Kreuzesgeschehen verständlich, sie stellt den Glaubenden in dieses Geschehen hinein. Die beiden inhaltsschweren Verse des 12. Römerbriefkapitels bedeuten diesen Sachverhalt:

> „Ich ermahne euch, Brüder, umwillen des Erbarmens Gottes! Bringt Leib und Leben Gott als lebendiges, heiliges, gottgefälliges Opfer dar; dies ist euer geistlicher Gottesdienst!
> Macht euch nicht dieser Weltzeit gleichförmig, sondern wandelt euch in der Neuheit der Gesinnung, damit ihr beurteilen könnt, was Gottes Wille ist: das Gute, Gottgefällige, Vollkommene!"

b. Die Passionsgeschichte muß darum als Geschichte, als Geschehnis umwillen unseres Heiles ausgelegt werden, als recht-schaffendes Handeln Gottes in der erlösenden und befreienden Aktion des Sohnes. Die Grundgedanken der klassischen Soteriologie sind wieder aufzunehmen, entschiedener aber auf das eine und selbige Handeln Gottes zu beziehen. Eine Soteriologie von oben, nämlich die trinitarische Kreuzestheologie, braucht die Soteriologie von unten, die ökonomische Trinitätslehre.

---

[32] *J. Moltmann*, Der gekreuzigte Gott (s. A. 25) 38.

1. In biblischer Sicht ist das Kreuzesgeschehen Gottes Gerichtstag. Gott ist Richter und in seiner ganzen auctoritas macht er sich und seine Gerechtigkeit geltend. Man könnte hier in der Tat von einem Schauspiel reden, das Gott in und mit der Weltgeschichte ausführt. In diesem Schauspiel kann der Mensch keinen einzigen (positiven) Part übernehmen; aber wir sind nicht die unbeteiligten Zuschauer, wir sind durch Gott in das Geschehnis des Kreuzes einbezogen. Und dieses Passionsdrama darf nicht in den Himmel verlegt werden, denn hier, diese Weltgeschichte ist der Spielraum, den Gott selbst durch sein richtendes Wort und seinen rechtschaffenden Geist eröffnet. Im richtenden Wort des Sohnes hat sich Gott in die Geschichte hinein entäußert und in der äußersten Entäußerung sein Recht geltend gemacht, das Recht der Gnade, die Gerechtigkeit seiner Liebe. In dieser Gerichtshandlung ist der richtende Gott ein anderer als der Menschensohn, der Gericht hält, und ein anderer ist der Anwalt der offenbarenden Kreuzesgerechtigkeit, der Recht und Gerechtigkeit schaffende, heilige Geist. Wenn der Sohn und der Geist nicht je und je ein anderer wären als der Vater, dann wäre das Kreuzesgericht nicht das endgültige und eschatologische Gericht, dann wäre auch die Kreuzesgerechtigkeit nicht wirklich und wahrhaft Gottes Gerechtigkeit zur Rechtfertigung des Sünders.
Im fleischgewordenen Wort Gottes hat Gott sein richtendes Wort frei und souverän in die Geschichte hineingesprochen. In diesem Wort schied er endgültig die Finsternis vom Licht. Von der Versuchung Jesu durch den Satan (Mt 4,1–11; Lk 4,1–13) bis in die Passion hinein hat Gott in Jesus Christus die Front gegen das Böse aufgerichtet. Im Kreuzesgeschehen wird diese obsiegende Kraft des Gehorsams vollends offenbar, der „Stärkere" kommt über den „Starken" und überwindet ihn (Mk 3,27). Wohl auch im Anschluß an das eben zitierte Wort vom Stärkeren und Starken haben die Väter das Kreuzesgeschehen als Ringen Gottes mit dem Teufel betrachtet. Die Bibel kennt keinen positiven Part des Teufels im Erlösungshandeln; sie weiß aber sehr wohl, daß mit der Freiheit des Menschen aus der Kraft des Geistes, die auch die Verweigerung der Sohnesgnade möglich macht, Gottes Ehre und Herrlichkeit auf dem Spiele

steht. Der freie, gottzugehörige Mensch ist die Ehre Gottes in der Schöpfung. Die verwirkte Freiheit ist verwirkte Gabe Gottes. Gott kann aber auch die verwirkte Freiheit nicht fallen lassen, denn sie ist ein Datum seiner ewigkeitlichen eudokia. Und Gott warb in der ganzen Heilsgeschichte um des Menschen freie und dankbare Liebe; im Kreuzestod seines Sohnes ringt er um diese freie und dankbare Sohnesliebe seines Geschöpfes. In der paradoxen Gestalt des Lammes, das geopfert wird, setzt er alles ein und gibt er alles daran, das königliche Gut der freien Entscheidung, des dankbaren Gehorsams zu retten[33].

Anselm von Canterbury hat die theologischen Schwächen der patristischen „Loskauftheorie“ sehr deutlich erkannt; sie sieht den Teufel in der Rolle des Fordernden und Gott in der eines Erfüllenden[34]. Gott allein macht im Kreuzesgeschehen seine Gerechtigkeit und seine Barmherzigkeit geltend. Er leistet, was der Sünder-Mensch von sich aus nie aufbringen kann, den Ehrerweis der schuldigen Genugtuung, und er gewährt, was der Sünder nur von Gottes Barmherzigkeit erfahren kann, die Vergebung und Versöhnung. „Das Moment der ‚Gerechtigkeit‘ in der christlichen Auslegung (der Satisfaktion) liegt . . . nicht so sehr darin, daß für die Schuld gesühnt, für unendliche Schuld unendlich wertvolle Buße getan werden muß, als darin, daß es nur dann recht (juste) zugeht, wenn der Mensch, auf dessen Seite die Schuld liegt, von sich her zu zahlen vermag; was tiefer heißt: ‚von sich her aufsteht und sich wieder aufrichtet‘[35].“ Der Kerngedanke Anselms wird verfehlt, wenn Gottes Gerechtigkeit und Barmherzigkeit im Kreuzesgeschehen auseinandergenommen werden, wenn im Auseinander die Gerechtigkeit

---

[33] *M. J. Le Guillou*, Das Mysterium des Vaters. Apostolischer Glaube und moderne Gnosis. (Le mystère du Père. Foi des Apôtres – Gnoses actuelles, Fayard 1973), übers. von H. Urs v. Balthasar und Chr. v. Schönborn OP, Einsiedeln 1974.

[34] *Anselm von Canterbury*, Cur Deus homo I c. 6–7, ed. Opera omnia II 53–59; Meditatio III, ebd. 85 f.

[35] *H. Urs v. Balthasar*, Herrlichkeit. Eine theologische Ästhetik, Bd. II.: Fächer der Stile, Einsiedeln 1962, 253 f.; *ders.*, La concordia libertatis chez saint Anselme: „L'homme devant Dieu“. Mélanges . . . Henri de Lubac. II (Théologie 57) Paris 1964, 29–45.

Gottes den Charakter der strafenden Gerechtigkeit annimmt und die Barmherzigkeit in Erbarmen umgedeutet wird. Das Kreuzesgeschehen kann nur aus der Identität von Gerechtigkeit (Wahrheit) und Barmherzigkeit (Liebe) als göttliches Handeln begriffen werden[36]: Im Erweis seiner Liebe bleibt Gott gerecht und wahr und gerade so auch sich treu; in der Offenbarung der Gerechtigkeit beweist er seine Güte. Er bleibt nur wahr und gerecht in der Liebe; er ist nur barmherzig in der Wahrheit und Gerechtigkeit. Und gerade darum wurde im Treue-Handeln Gottes die gefallene Menschheit zu der ihr neu geschenkten Rechtheit und Freiheit auferweckt. Urs von Balthasar hat Anselms Satisfaktiontheorie als Theologie der Rechtheit in Freiheit neu ausgelegt. Seine Überlegungen führen weiter als die Ausführungen der Synode, der es schwer fiel, die Freiheit in Rechtheit einzubinden.

2. In der Passion des eingeborenen Sohnes leidet Gott selbst die Widersetzlichkeit und Unfreiheit des Menschen aus; der freie Sohn leidet in seiner befreienden Sohnesaktion an der Unfreiheit des Menschen. Und in dieser Aktion des freien Sohnes, in der befreienden Sohnesaktion rettet und erlöst Gott die Freiheit des Menschen. Der leidende und sterbende, geschmähte und ausgestoßene Sohn verliert seines Sohnesidentität nicht, gibt sie nicht preis und läßt sie sich nicht rauben. Man kann ihn in seiner Passion aus der Welt hinausdrängen, verspotten, verhöhnen, ohnmächtig ans Kreuz hängen; aber gerade darin macht er offenbar, wer und was er ist. „Wenn ihr den Menschensohn erhöht, dann werdet ihr erkennen, daß ich bin (der ich bin)" (Joh 8,28). Dieses Leiden des Menschensohnes an der (verhöhnten) Ehre Gottes und an der verwirkten Freiheit des Menschen verbindet den Menschensohn noch tiefer mit Gott und den Menschen. In der Passion überschritt der Menschensohn die

---

[36] Das genuin biblische Thema der Zusammengehörigkeit von Wahrheit (Gerechtigkeit) und Barmherzigkeit (Liebe) – Ps 25,10; 85,11; 117,2 u.ö. – meditierte *Anselm* bereits im Proslogion c. 9, ed. Opera omnia I 106–108. „In Wahrheit also bist Du deshalb barmherzig, weil gerecht."; c. 11 ebd. 109 f.: „Wie ‚alle Wege des Herrn Erbarmen und Wahrheit' (Ps 25,10) . . ." Vgl. ferner *U. Mauser*, Gottesbild und Menschwerdung, Tübingen 1971.

sarkische Existenz des Menschen und brachte sie in die totale Verfügung Gottes.

Dabei ist es keineswegs von Ungefähr, daß der ewige Sohn, das Wort Gottes, diese Aktion der befreienden und versöhnenden Folgsamkeit vollzieht, denn in dieser heilschaffenden, heilsgeschichtlichen Sohnesaktion unserer Erlösung ist die ewige Sohnesgeschichte wirksam. Und was dort im ewigen Verhalten des Vaters und des Sohnes in Gott geschieht, eben dies trägt sich hier heilschaffend in der Unheilsgeschichte aus. Es hat darum in der Tat wenig Sinn, unabhängig von dieser Sohnesgeschichte unserer Versöhnung eine ewige Sohnesgeschichte auszudenken; aber es gäbe gewiß nicht diese heilschaffende Sohnesgeschichte, wenn es nicht den ewigen Sohn vor dieser Geschichte und über ihr und für sich gäbe. Die heilsgeschichtliche Sohnesaktion würde damit ihres wirksamen Grundes beraubt.

In der biblischen und dogmatischen Christologie wird gegenwärtig versucht, den überkommenen Begriff der Präexistenz durch den der Proexistenz zu ersetzen, zu verdeutlichen[37]. Die Bedeutung (der Präposition) ‚pro' schließt jene von ‚prae' nicht aus (für = vor), und auch umgekehrt gilt: das Vor-und-Über-sein des fleischgewordenen Logos ist zugleich auch sein „Für-uns-sein". Weil der gekreuzigte Logos vor und über uns ist im ewigen Lebensgeschehen in Gott, darum kann er auch wirklich für uns dasein in der Leidensgeschichte. Sein Vor-und-Über-sein verbietet es, vermessen und eigenmächtig eine Befreiungs- und Erlösungsaktion auszumachen, sondern fordert, in Demut und Glauben die heilschaffende Sohnesgeschichte anzuerkennen, zu bejahen und zu akzeptieren. J. Ratzinger hat in einem anderen Zusammenhang auf den feinen Unterschied hingewiesen, den A. Solschenizyn in seinem Roman „August Vierzehn" [38] in einem Gespräch über die rechte soziale und politische Ordnung macht, nämlich den Unterschied zwischen menschli-

[37] Vgl. *H. Schürmann*, Jesu ureigener Tod. Exegetische Besinnungen und Ausblick, Freiburg-Basel-Wien 1974, 121–155: „Ausblick. Der proexistente Christus – die Mitte des Glaubens von morgen? Eine theologische Meditation."

[38] Dt. Übersetzung: Sammlung Luchterhand 1974, 368.

cher Vermessenheit, selbst eine ideale Ordnung auszudenken, und der Demut und Bereitschaft, dem schöpferischen vorgegebenen Logos, der vor uns, ohne uns und aus sich selbst ist, zu entsprechen. Es kommt gewiß nicht darauf an, die ewige Sohnesgeschichte in Gott vermessen auszudenken, und es ist nun wirklich nicht ohne Gefahren für den Glauben, es bei jener ewigen Geschichte des Lebens bewenden zu lassen, aber es kommt alles darauf an, wirklich und wahrhaft der Geschichte des gekreuzigten Logos im Glauben, Gehorsam und Demut zu entsprechen.

3. Weil sich im menschgewordenen und gekreuzigten Logos Gottes Wort richtend und heilschaffend geoffenbart hat, darum ist der Logos am Kreuze auch der Ort der Wirksamkeit des Geistes, der Annahme des Gerichtes und des Heiles in Jesus Christus. Der Logos der Kreuzesgeschichte und der Geist der Annahme der Sohnschaft gehören unlösbar zusammen. Der Geist ist und wirkt die Vollzugsgestalt des Wortes in der Liebe; der Logos (das Wort) ist und wirkt die Vermittlungsgestalt der Liebe im Sakrament und in der Wortverkündigung. Das Bekenntnis der Synode „Unsere Hoffnung" hat wiederum die ganze Aufmerksamkeit des Glaubens auf die Vollzugsgestalt der Wahrheit in der Liebe gelegt, so daß die sakramentale Vermittlungsgestalt des Wortes kaum berührt wird. Die Gewichtung des Glaubensvollzuges im Zeugnis der Hoffnung, auf dem Weg der Nachfolge, in der Verantwortung für die Welt ist gewiß nicht zu tadeln, das Bekenntnis zur sakramentalen Vermittlungsgestalt hätte aber deshalb nicht unterdrückt werden müssen, weil Wort und Sakrament in Wahrheit zeigen, worum es im Zeugnis der Liebe gehen muß. Wort und Sakrament ermutigen zum Zeugnis, kräftigen zur Nachfolge und ertüchtigen in der Weltverantwortung. Denn was hier im Gottesdienst in Wahrheit geschieht, muß sich dort in der Hoffnung, auf dem Weg in die Welt ausweisen.

In der Spannung des offenbarenden Logos und der erfüllten Liebe eröffnet sich die Zukunft, denn die Wahrheit ist an die Geschichte gebunden, die Liebe aber ist für die Zukunft frei!

GISBERT KAUFMANN

Planung – Verlauf – Perspektiven des Kontaktstudiums „Das Heil und die Utopien"

1. Zur Planung

Das „Kontakt-Studium" an der Bochumer Theologischen Abteilung versteht sich seit Beginn dieser Veranstaltungsreihe[1] als Ermöglichung theologischer Information und eines Gespräches zwischen „wissenschaftlicher Theologie" und „Praktikern" in Seelsorge und Lehramt. Nach Globaleinladungen in den ersten Jahren erwies es sich als sinnvoll, vor allem die Zielgruppe der „Religionslehrer" anzusprechen – das Spektrum blieb bei sehr uneinheitlicher theologischer Vorbildung der Eingeladenen auch jetzt noch weit. Die Inhomogenität bringt manche Belastung mit sich, birgt aber auch die Chance zu selbstkritischerem Sprachansatz auf seiten der Referenten. Bei natürlicher Fluktuation im Teilnehmerkreis hat sich im Laufe der letzten Jahre ein „Kern" gebildet: Gerade die so apostrophierten Hörer tragen sehr detaillierte Wünsche vor und beeinflussen mit ihren Vorstellungen die je neue Planung. Ein Einblick in die Liste der diesjährigen Präferenzen erscheint für eine abgewogene Wertung der Gesamtveranstaltung, der Themenfestsetzung, der Themenabfolge, der Gesprächsabläufe und Frage-Profile interessant:

a. Aus mehreren Vorschlägen[2] spricht die Not betroffener Religionslehrer, für ein von „totalem Geschichtsverlust

[1] Themen der vier zurückliegenden Wintersemester:
1971/72: Gegenwartsfragen der Christologie
1972/73: Botschaft von Gott (erschienen unter dem Titel: „Die Botschaft von Gott · Orientierungen für die Praxis", hrsg. v. *Kl. Hemmerle*, Freiburg-Basel-Wien 1974)
1973/74: Unterscheidung des Christlichen. Problem und Aufgabe
1974/75: Gemeinde als Kirche – Kirche als Gemeinde.

[2] Ca. 50 schriftliche Eingänge bzw. vorbereitende Gespräche mit bisher Beteiligten (Pfarrgeistliche, Gymnasialpfarrer, Religionslehrer an allen Schulformen).

bedrohtes Bewußtsein christliche Heilserfahrung artikulieren zu müssen"[3]. Auch wenn sich langsam[4] ein Wandel zu „Geschichte" als rational zu bewältigendem „Fach" anbahne, sei das Mißtrauen gegenüber einem geschichtlichen Erfahrungsreservoir für persönliche Entscheidung fast *prinzipiell*! Leicht erliege das Gros der Oberstufenschüler[5] trotz wachen Konstatierens der Krisen heutiger Planungsprozesse einer eher anonymen Suggestion, als *neu* sich formierende Generation auch die Chance der „Null-Punkt-Situation" zu besitzen, aus bisheriger Geschichte und ihrem Anspruch emigrieren zu können, zu dürfen.
In anderen Zuschriften erscheint diese These differenzierter, insofern die absehbaren Eingriffe und Grenzziehungen einer von Ansprüchen überforderten Gesellschaft gerade die intelligentesten Schüler entweder vor der konkreten Zukunft resignieren oder aber für utopische „Konstrukte" anfällig werden ließen, die selbst wiederum nur eine andere Form der Resignation seien oder Gelegenheit zu emotional-irrationalem Ausbruch böten.
Es ist nicht schwer, aus der Situationsanalyse dieser Kollegen Themenvorschläge herauszulesen.

b. Überraschend oft wird vom „Klima" der Schulen, der Kollegien gesprochen, das Religionsunterricht sterilisiere. Vor allem habe sich das Denken in den Bahnen der „Frankfurter Schule" etabliert, in Richtlinien, Lehrbüchern, Textsammlungen, im Sprachjargon, in den „Argumentationen"

---

[3] Vorliegende Briefe von Religionslehrern.

[4] Kontroverse Beiträge zur Diagnose, auf die auch Lehrerbriefe anspielen:

a. *Claude Geffré*: Die Krise des Humanismus und die Zukunft der Theologie. In: Concilium, 9. Jg., 379 ff.
b. *Jean-Marie Domenach:* Die Gegnerschaft gegen die Humanismen in unserer zeitgenössischen Kultur. In: Concilium, 9. Jg., S. 383 ff.
c. Bericht in der Frankfurter Allgemeinen v. 18. 9. 1973: Wozu noch Geschichte?
d. Bericht in der FAZ v. 8. 10. 1974: Neuer Mut zur Geschichte
e. FAZ v. 13. 10. 1973: *Benno v. Wiese:* Ist die Literaturwissenschaft am Ende?

[5] Zur Klärung dieses heute sehr uneinheitlich gebrauchten Begriffs „Oberstufe": Angesprochen sind die 16--20jährigen Schüler.

vieler „junger Kollegen“[6], die in Geschichte / Sozialwissenschaften, aber auch in sprachlichen Fächern unterrichten (und dort selbst das Vordrängen *sehr* anderer „Methoden“ aus dem eher kontradiktorischen Vorverständnis einer analytischen Philosophie fast unkritisch akzeptieren). Unvertrautsein mit den Evidenzen dieses „emanzipatorischen Denkens“ verunsichere den Religionslehrer sowohl im Unterricht wie im Kollegengespräch, da das bewußte Engagement der Neomarxisten für „Geschichte“ als elementare Dimension menschlich-gesellschaftlicher Erfahrung ihre Bundesgenossenschaft inmitten „positivistischer Trends“ nicht unsympathisch erscheinen lasse – was wiederum die Ausarbeitung der spezifischen Differenz zu christlichem Welt- und Geschichtsverständnis zusätzlich erschwere. In diesen Schreiben äußert sich das Bewußtwerden enormen Nachholbedürfnisses: Dem traditionellen Theologiestudium werden harte Vorwürfe gemacht, daß es nicht in Angebot und Imperativ stärker in die Auseinandersetzung mit moderner Erfahrung und ihrer Reflexion in Theorie (in Philosophie und Soziologie) hineingeführt, ja gedrängt habe.
Auch hier sehr konkrete Wünsche . . .! Interpretation von „Heils-Erfahrung“ im *Kon-text* des Emanzipationsangebots (aufschlußreich die grammatische Zuordnung).

c. Während der Vorbereitung des WS.s 1975/76 trafen erste Anfragen zum Synodenpapier „Unsere Hoffnung. Ein Bekenntnis des Glaubens in dieser Zeit“[7] ein. Spontane Zustimmung dieser Religionslehrer mischte sich mit vorsichtiger Anfrage betr. Kriterien der in diesem Dokument sich äußernden Theologie, die beglückend, von den modernen Erfahrungen des Gläubigen her gefordert und doch, aus der Perspektive „bisherigen theologischen Denkens reflektiert“[3],

[6] Es ist die mittlerweile sehr breite Schicht jener Kollegen, die noch oder vornehmlich während der Zeit der Studentenunruhen studiert haben.

[7] Der Arbeitsgemeinschaft lag das Papier in der Fassung vom 30. 8. 1975 vor: Synode, 6/1975: Unsere Hoffnung. Ein Bekenntnis des Glaubens in dieser Zeit.

so „anders" sei. Es waren nur einzelne Stimmen, die diese „Fremdheit"[3] konstatierten und aus wissenschaftlicher Redlichkeit, mehr indirekt, um Aufarbeitung dieser neuen Sprache baten.
Damit trafen sich andere Vorschläge, die ganz einfach aus der Kontinuität unserer bisherigen Themen (s. Anm. 1) Dringlichkeit einer gründlichen Arbeit zu Fragen der Eschatologie folgerten. Eine Zeit, die sich in „Futurologien" überbiete, ob nun der existentiell hoffende oder der stärker rational planende Mensch im Mittelpunkt dieser Entwürfe stehe, verlange vom Theologen in Verkündigung und Lehre ein Glaubenszeugnis, eine Rechenschaft im Glauben über den Grund christlicher Hoffnung, ihre Implikationen – zumal Bloch seit vielen Jahren das „Gesamtgelände besetzt halte"[3].

d. In der Charakterisierung des heutigen Schülers waren sich alle befragten Kollegen darin einig, daß der Jugendliche ein gegenüber früheren Generationen offensichtlich ausgeprägteres Bewußtsein für fremde Not, für fremdes Leiden, für Ungerechtigkeiten und Diskriminierungen habe und es ihm von daher unmöglich werde, sich mit einer Welt, einer Gesellschaft, mit Geschichtstheorien und Philosophien zu solidarisieren, in denen diese Dimension des „Unaufhebbaren" negiert oder ignoriert oder auch nur in schlechter Abstraktion verhandelt werde. Das „fremde Leiden" rage wie ein erratischer Block in das Bewußtsein der wachen Schüler – die Erfahrung dieses Arsenals von Dunkelheit, Unrecht, geschichtlichem Versagen früherer Generationen, aber auch von eigener Ohnmacht im persönlichen Leben mache manche Unterrichtsstunde auf der „präsumptiven Basis einer Leid-Theorie"[3] und damit einer „Bändigung in Begriffen"[3] – und ständig müsse ja der Religionsunterricht methodisch auch *so* verfahren! – anfällig für aus Tiefenschichten aufbrechende, bis ins Prinzipielle gehende Aggressionen gegen das Gesamtangebot des Religionsunterrichtes. Wie läßt sich diese Leid-Erfahrung als eine der tiefsten Formen der Welt-Erfahrung zugleich als Ansatz einer christlichen Glaubens-Erfahrung *vermitteln*? Vielleicht *die* Kardinalfrage für einen redlichen Oberstufenunterricht!

J. B. Metz versucht eine Antwort[8], aber sie unterstellt dem einzelnen Theologen schlechthin mystagogische Kraft. Vielleicht, wahrscheinlich geht es ohne sie in der Tat nicht. Trifft hier nicht auch die traditionelle „klassische Soteriologie" der Vorwurf eines Erfahrungs- und Theorie-Defizits zu Recht? Müßte Theologie unserer Tage nicht überzeugender verdeutlichen, wie sehr die konkrete Leidensgeschichte der heutigen Menschheit mit ihren ständig wiederkehrenden „Auschwitz-Erfahrungen"[9] als sie selbst, als das „Mit-Christus-Leiden" der Vielen, in das theologische, dogmatische „Subjekt" (= der leidende Gottes-Sohn) integriert ist?

2. Zum Verlauf

Die Bändigung derart differenzierter Wünsche in einem auf wenige Wochen beschränkten Arbeitsprogramm muß auch dann schwierig sein, wenn eine gewisse Konvergenz aller Nöte und Vorschläge erkennbar ist.
Die „Sache selbst", theologische Interpretation christlichen Heilsglaubens im Spektrum geschichtlich ausgebildeter innertheologischer Fach-Kompetenz von der Exegese bis zur Systematik, kompliziert sich im zunehmenden Bewußtsein eines legitimen *Pluralismus* der Theologie (Theologien). *Der* Bibliker, *der* Systematiker – wer ist das? Jeder Theologe wird sich schwer tun, eine nur annähernd bindende Aussage für seine Fachkollegen zu wagen, zu unüberschaubar sind die „Axiomengefüge" der einzelnen Interpretationsansätze

---

[8] *J. B. Metz:* Die Zukunft des Glaubens in einer hominisierten Welt. Hochland, 56. Jg., 377 ff.
S. 386 f.: „Dies ist dadurch möglich, daß die jeweilige Welterfahrung sich als eine *Grenzerfahrung* (v. Verf. hervorgehoben) menschlichen Daseins enthüllt und daß diese Grenzerfahrung, dieses innerweltl. Scheitern des menschl. Daseins an seiner Welt, noch einmal vom Menschen angenommen wird – angenommen in der Kraft und in der Gnade dessen, der in der gehorsamen Annahme seines Scheiterns an der Welt diese gerade „überwand", angenommen also im *Zeichen des Kreuzes* (hervorgehoben) unseres Herrn."

[9] *Th. W. Adorno:* Erziehung nach Auschwitz (Edition Suhrkamp 347), Frankfurt 1969, 85 ff.

geworden, nach Rahners Überzeugung in ihrer Differenziertheit prinzipiell uneinholbar in den kreatürlich-engen eigenen Reflexionsansatz[10].
Gerade auf *diese* Antwort zielt aber die Frage vieler verunsicherter Theologen in der Praxis, wie die letzten Jahre unseres Kontaktstudiums bewiesen. Auch das Angebot *einer* Theologischen Abteilung/Fakultät vermag nach/trotz eingehender Vorarbeit auf *eine* Thematik hin nicht tiefreichende Divergenzen zu verdecken. Dem genau Hinhörenden entwickeln einzelne Sätze der verschiedenen Referate Konsequenzen, die eine Zuordnung der jeweiligen Gesamtaussage zu sehr unterschiedlichen theologischen „Richtungen", „Schulen", „Evidenzen" notwendig machten. Kontinuität der Diskussion in der Diskontinuität der Interpretationen: Das kann gelingen, wenn die für viele Theologen (überwältigend) neue Erfahrung dieses Pluralismus nicht zur Resignation vor der Fülle der Aspekte führt, sondern diese Fülle als ein theologisch relevantes Zeugnis für die Unausschöpfbarkeit / Unauslotbarkeit des zu interpretierenden Phänomens „Heil" dankbar angenommen wird.

Unser diesjähriges Kontaktstudium bot einige Chancen für einen „Lernprozeß" in dieser Richtung:
Geplant war, die Vortragsreihe durch ein begleitendes Text-Seminar – fortlaufende Lektüre des Synodenpapiers „Unsere Hoffnung . . . " – zu „ornamentieren".
Am ersten Nachmittag ergab sich nach dem in das Synodenpapier zugleich einführenden wie dieses Dokument aus seiner theologischen Herkunft analysierenden Referat ein sehr intensives Gespräch über das Kapitel „Gott unserer Hoffnung".
Mit Hilfe der vorangegangenen theologischen Deutung eröffneten sich verhältnismäßig schnell Zugänge zur „Phänomenologie" dieses Verfassers, des „Systematikers" J. B. Metz. Seine Sprache wurde untersucht, ihre Offenheit für die dominierenden Erfahrungen unserer Gesellschaft

---

[10] *K. Rahner:* Der Pluralismus in der Theologie und die Einheit des Bekenntnisses in der Theologie. Concilium 5. Jg., 462 ff. vor allem 463: „Der qualitativ neue Pluralismus heute".

festgestellt, das Hindeuten auf biblische Zusammenhänge als Hinhören und Sich-führen-lassen gewertet. Langsam formte sich in gemeinsamer Interpretationsarbeit in ersten Umrissen eine sehr spezielle Theologie – die weitere Fragen nach ihren geistesgeschichtlichen Voraussetzungen und möglichen Konsequenzen für ein offenes Gespräch etwa mit den Gesellschaftswissenschaften geradezu provozierte. Wer ist angesichts der „Hoffnungs- und Leidensgeschichte der Menschheit“[11] dieser Jesus, auf den sich die Christen, selbst die in den unüberbietbar scheinenden Leidenserfahrungen des „Auschwitz-Zeitalters“ beheimateten, so prinzipiell beziehen? Welche Konsequenzen ergeben sich für individuelle und gesellschaftliche Sinn-Problematik aus dem Metz-schen hermeneutischen Ansatz?
Die erste Befragung des Synodenpapiers endete also in einer Fülle neuer Anfragen an den Autor und seine theologische „Evidenz“, in der Weckung eines intensivierten Interesses an weiteren Darlegungen und Aufschlüssen. Doch zur Weiterführung der Gespräche am Leitfaden des Synoden-Textes kam es zunächst nicht. Jeder der folgenden Vorträge in den kommenden Wochen band das Interesse der Teilnehmer so stark in die Konsequenzen eines je neuen Reflexionsansatzes hinein, daß die Diskussion bei (trotz) optimaler Nutzung der verfügbaren Zeit zum vorliegenden Text nicht zurückfand. Zwar wurde das Dokument gelegentlich als „Hintergrund-Papier“ erkennbar, aber es hatte doch nicht die Kraft, die jeweils neuen Einzelinterpretationen im Alten Testament, im Neuen Testament, in der systematischen (dogmatischen) Theologie zu einem „Spektrum“ zu binden oder die Einzelinterpretationen als differenzierte Provokationen *einer* Grundthese erscheinen zu lassen. Hier wurde das von Rahner in seiner „Pluralismus“ – Apostrophierung Intendierte offenkundig.
Erst in der Auseinandersetzung mit Bloch kehrten wir fast unversehens wieder zum Hoffnungspapier zurück – „Nähe“ wurde spürbar, und erneute gründliche Lektüre des Textes notwendig, um die deutlich empfundene, oft angesprochene

[11] Synode 6/1975/11.

und dennoch schwer „exakt" zu eruierende tiefe Distanz zwischen dem christlichen Fundamentaltheologen und dem in marxistischen Prämissen ansetzenden Hoffnungstheoretiker Bloch in deren Interpretation verwandter Erfahrungen ausmachen zu können.

Auch im Abschlußgespräch am letzten Nachmittag in Anwesenheit aller Referenten gewann das Papier noch einmal für kurze Zeit die Chance des „Mediums", da die Teilnehmer alle Referenten um eine knappe theologische Wertung der zentralen Perspektiven dieser Theologie aus dem je eigenen theologischen Ansatz gebeten hatten. Aber gerade die Konzentration auf die entscheidenden Kon- und Divergenzen erhellte, wie sehr sich in diesem *„Synoden"*-Papier *e i n* (sehr profiliertes, sicher sehr repräsentatives) Bekenntnis zum Glauben in dieser Zeit ausgesprochen hat.

Dabei muß sich dieser so respektable Versuch einer glaubwürdigen, überzeugenden Darlegung christlichen Glaubens in einer konkreten, d. h. durch ihre unübertragbaren Erfahrungen sich unterscheidenden Zeit wie jeder theologische Versuch mit harten, bleibenden Anfragen auseinandersetzen. Diese Anfragen kamen aus dem Teilnehmerkreis und verdeutlichten am Ende der gemeinsamen Arbeit, wie tief doch bisherige eigene theologische Reflexion durch das Metz-Papier sich hatte anstoßen lassen.

Ich fasse die drei wichtigsten zusammen:

1. Ist der bekundete „eschatologische Vorbehalt" dieser Theologie allen innerweltlichen Hoffnungen gegenüber – auch äußerste Dynamik und suggestive Dialektik sprengen *nicht* die Immanenz unseres menschlichen Geschichtsraumes – so überzeugend, so theo-logisch, daß der „Utopiker" darin ein legitimes Zeugnis für die *andersartige* christliche Hoffnung erkennen kann, daß der Christ, der ja im „Klima" (s. o.) der Immanenz-Erwartungen leben muß, diesen *Vorbehalt* als Strukturprinzip *jeder* Hoffnung *„weiß"*?
2. Wie tief geht der „Gott unserer Hoffnung" in die Prozesse der Hoffnungs- und Leidensgeschichte ein? Wieweit ist Hegel und seine Geschichtserfahrung und damit seine Provokation christlicher Offenbarungsbegründung in diesem Papier „aufgehoben"?

Geschieht die zu leistende Auseinandersetzung in einer expliziten Hinwendung zur Moltmannschen Kreuzestheologie, die ja die gesamte Gotteslehre neu interpretiert, dabei von neuen Schwerpunkten, zumindest einem neuen hermeneutischen Ansatz her traditionelle Provinzen theologischen Denkens verfallen läßt[12]? Auch im vorliegenden Synodenpapier sind für aus „existentialer Theologie" herkommendes Denken ganze Passagen, letztlich der Gesamtduktus, fast revolutionär neu . . . !

3. Daraus ergibt sich als letzte Frage: Ist das „*Christus*-Werk im Kreuzestod Jesu" in der Sicht traditioneller dogmatischer Theologie von der Grundintention des Papiers her so noch unabgeschwächt sagbar? Wieweit bestimmt als (Mit-)Kriterium die Leidensgeschichte der *Menschheit* diese Soteriologie (s. o. 1 d)?

Offenbar war die Synode der Überzeugung, daß es diesem Basispapier für die gesamte Synodenarbeit gelungen sei, die „ganz anderen Quellen und Ziele" von „Freude, Hoffnung, Angst und Trauer der Christen"[13] adäquat zu verdeutlichen. Die hier skizzierten Fragen schlossen nie eine große Sympathie für das Hoffnungspapier aus, vielleicht setzen sie nur einer fast euphorischen Deutung einige Akzente.

Außerdem, in jedem Kontakt-Studium neu bestätigt: Zuordnung der bisherigen, d. h. im Studium erfahrenen, erworbenen, in der Praxis geübten Theologie zu neuen „Modellen", auch wenn sie spontan faszinieren, gelingt nicht leicht und nicht schnell.

---

[12] *J. Moltmann:* Der gekreuzigte Gott. Das Kreuz Christi als Grund und Kritik christlicher Theologie. München 1972.
165: „Der hermeneutische Ort zum Verständnis des christlichen Auferstehungsglaubens muß darum in der offenen, der sowohl unbeantwortbaren wie unaufgebbaren Frage nach Gerechtigkeit in der Leidensgeschichte der Welt gesucht werden."

[13] Ruhrwort, Jg. 17, Nr. 48, 29. 11. 1975: „Freude, Hoffnung, Angst und Trauer der Christen haben ganz andere Quellen und Ziele als Freude und Trauer, Ängste und Hoffnungen in unserer Lebenswelt. Wie bringen wir beides zusammen? Erfahrung und Glaube, Anpassung und Widerstand. Das ist auch heute noch die Frage. Eine Antwort gibt unsere Vorlage, eine hilfreiche, gläubige und mutige Antwort."

3. Perspektiven

So drängt es sich geradezu auf, aus der Erfahrung des gemeinsamen Arbeitens, Fragens, Forderns im Namen der gesamten Arbeitsgruppe einige Grund-Eindrücke, (die Einzelfragen übergreifende) „Frage-Profile" zu formulieren. In dieser Standort-Gewinnung könnte manchem in ähnlichen Überlegungen steckenden Kollegen eine Hilfe zur persönlichen Positionsklärung angeboten werden, die dennoch der provozierenden Kraft auf neue und besser gelingende Lösungsversuche nicht entraten müßte.

a. Offensichtlich gibt es *die* theologische (Fach-) Sprache nicht mehr. Die Pluralismus-Problematik wurde oben kurz angesprochen, sie deckt das hier Gemeinte nur zum Teil. Es bestätigte sich eine Erkenntnis aus den letzten Kontaktstudien:
Ein Großteil unserer Priester und Religionslehrer ist uninformiert über die Fülle theologischer „Modelle" heute. Viele Praktiker sind in einer nie problematisierten theologischen „Terminologie" durch ihr Studium gegangen, die nach neothomistischer Erkenntnislehre geradezu Klausur-Charakter hatte[14]. Längst haben in der wissenschaftlichen Theologie neue Begriffssprachen diesen Monismus verdrängt, ohne sich bereits ausreichend untereinander um „Dialog", Öffnung, Übersetzung bemüht zu haben. Ihre Energien verbrauchen sich im Ausfeilen der eigenen Denk-/Sprachgebäude.
Während die Philosophie auf den Kongressen der letzten Jahrzehnte[15] ihr Zerfallen in kaum noch kommunikable Interpretationsansätze sehr kritisch reflektierend erfuhr,

---

[14] *K. Rahner:* Der gegenwärtige Stand der katholischen Theologie in Deutschland (Herder-Bücherei 363), Freiburg-Basel-Wien 1970, 11–31.

[15] Vergl. a. *Max Müller:* Über zwei Möglichkeiten abendländischer Metaphysik – oder Sein, Existenz und Freiheit in der abendländischen Ontologie. In: Philos. Jahrbuch, 69. Jg., München 1961, 1 ff.

b. *Hermann Krings:* Die Wandlung des Realismus in der Philosophie der Gegenwart. In: Philos. Jahrbuch 70. Jg., S. 1 ff., vor allem S. 1 und 2.

wird die Sprach- als Begründungsnot zunehmend *das* Problem theologischer Wissenschaftstheorie[16]. Da die Philosophie als die *eine*, verläßliche sich der Theologie versagt und damit auch nicht *die* belastbare Begriffssprache zur Verfügung stellt, bastelt jeder Theologe an einem seinen spezifischen Intentionen möglichst gemäßen System von „Bedeutungsträgern". Mitten in diesem mühevollen Prozeß ist ein Kontakt-Studium für alle Teilnehmer gleichzeitig ein Erlebnis der Sprach-*Not*.

Der Schwierigkeit des Formulierens auf seiten des Vortragenden entspricht die Schwierigkeit des Hörers, an einem Nachmittag die „neue" Sprache, ihre Vorräume, Evidenzen, ihre formale Kompetenz soweit zu erfassen, daß ein Begegnungsprozeß möglich wird, daß Mut wächst, aus eigenem Ansatz Zustimmung oder Frage zu verbalisieren, *so*, daß sie als Zustimmung bzw. Frage überhaupt verstanden werden kann. Nicht ungestraft benutzt man durch dominierendes oder geistesgeschichtlich ausgewiesenes Denken besetzte „Worte" zu Argumentationsmanövern, die sich gegen die Intention dieser Sprache richten, wenn man nicht zuvor den harten Denkakt der Unterscheidung zu leisten bereit ist. Oft fehlt das Bewußtsein, aus welch unverträglichen Räumen die eigene „Sprache" ihre Sätze – gewaltsam – „zusammenfügt". Da stehen „Sinn-Träger" aus der Existenzphilosophie (wessen?) neben solchen des Positivismus, Sprachfetzen aus Habermas-schem Denken, Brocken aus Luhmann-Aufsätzen geraten in die „ontologische" Sprache Josef Piepers – und die legitimierende Begründung der so gewachsenen Argumentation liefert ein Bibelzitat nach Jörg Zink.

(Verunsichert ob dieser so selbstverständlich scheinenden Praxis könnte man fragen: Hat sich vielleicht – gegen Sprachpurismus und Begriffsakribie – längst in solchen und ähnlichen Konglomeraten eine neue, selbst alles Denken normierende, wirkliche Unterscheidungen schleifende „Koinä" unseres Zivilisationsraumes gebildet, vor der sich

---

[16] Siehe die gründliche Zuwendung zu dieser Problematik bei *W. Pannenberg:* Wissenschaftstheorien und Theologie, Frankfurt 1973, vor allem Kapitel 1 und 3.

nun in einem erstaunlichen Umkehrprozeß begriffsgeschichtlich angefüllte, durch Sachnormen spezifizierte „Sprache" auszuweisen hätte . . .?).
Gerade der Theologe der Praxis ist hier besonders angesprochen und betroffen. Zu lange und zu leicht hat er über die „Gnade des Wortes" verfügt, obwohl ihm seit Jahrzehnten zum Wort Berufene, Dichter etwa, den Spiegel vorhalten. Auch der Auftrag, das Un-aus-sagbare sagen zu müssen, kann ihn nicht von dem gemeinsamen Schicksal unserer Zeit, einer universalen Sprachnot, entbinden. Auch er, gerade er muß *neu* sprechen lernen – um des Menschen willen, den er erreichen will[17].

b. Diese nicht zu verdeckende, von einigen Teilnehmern mit großem Erschrecken vollzogene Erkenntnis äußerster Sprach-Unsicherheit (mit ihren Begründungen und Hintergründen) führte konsequent zur Auseinandersetzung um verläßliche *Kriterien* bei neuen theologischen Interpretationsansätzen. Der einzelne Praktiker muß in der Lage sein, verantwortbare Auswahl aus dem kaum überschaubaren

---

[17]Vergl. etwa *I. Bachmann:* Die Wahrheit ist dem Menschen zumutbar. Rede zur Verleihung des Hörspielpreises der Kriegsblinden. In: Gedichte, Erzählungen, Hörspiel, Essays. München 1964, 295.

„Der Schriftsteller . . . Alle Fühler ausgestreckt, tastet er nach der Gestalt der Welt, nach den Zügen des Menschen in dieser Zeit. Wie wird gefühlt und was gedacht und wie gehandelt? Welche sind die Leidenschaften, die Verkümmerungen, die Hoffnungen . . .? "

oder vergl. *Günter Blöcker:* Wie Existenznot durch Sprachnot glaubwürdig wird. Rede auf Thomas Bernhard zur Verleihung des Büchner-Preises. In: Geschichte der deutschen Literatur aus Methoden, hrsg. v. *H. L. Arnold*, Frankfurt 1972, 161 ff.

165: „Existenznot wird glaubwürdig durch Sprachnot. Der Autor verfügt nicht über die Sprache, er stürzt sich in die Sprache, er gibt sich ihr mit verlangender, rettungssuchender Gebärde anheim. Wie den meisten seiner Generationsgefährten genügen Bernhard die Schematismen und Konventionen der ausgepowerten Sprache nicht mehr . . . Wörter, Worte, Satzfragmente, die beladen sind mit denkerischer, mit existentieller Qual . . ."

Angebot theologischer Deutungsversuche zu treffen – für sich selbst und auf die Interessen seiner Zielgruppen hin. Wo gelingt legitime Koordination von Schrift-Tradition und modernem Daseinsverständnis im Klima der Pro-vokation und gleichzeitig der Froh-Botschaft? Die Fruchtbarkeit eines neuen theologischen Denkansatzes rührt doch gerade auch aus der Radikalität einer neuen Erfahrung, in der personale Offenheit und Widerfahrnis als Getroffenwerden durch bisher übersehene, übergangene, verachtete „Wirklichkeit" verschmelzen. Wieweit hat im Synodenpapier „Unsere Hoffnung" das „Aufmerksam-werden auf" die Leidenserfahrungen unserer Generation – das „Auschwitz-Erlebnis" – und die ständigen Brechungen dieser Erfahrungen in moderner Kunst und Literatur die aus Schrift und Tradition vertraute „Theodizee-Tradition" in neue theologische Sprach- und Argumentationsform umgegossen?

In den letzten Jahren der Kurzformel-Euphorie entstanden neben dilettantischen Gebilden tief überzeugende Interpretationsangebote für den suchenden Gläubigen von heute, weil in ihnen Grunderfahrungen im und in Glauben der Kirche eingeholt werden[18]. Versuche in diese Richtung muß der einzelne Theologe immer wieder wagen, sie werden gelingen können im Maße seines Vertrautseins mit der Hl. Schrift, seiner kritischen Offenheit für die Glaubensgeschichte der Kirche und der Tiefe der „Sympathie" für die je konkrete Zeit.

In unseren Gesprächen ließ die Sorge vor Gefährdung theologischer Substanz manchen Kollegen an einer „Formel" aus der „Tradition" festhalten, die vom Kontext heutiger Glaubenserfahrung und Glaubensaussprache her wie isoliert erschien. Daß dies sehr deutlich wurde, kann als Ertrag für alle gewertet werden. Wie sollte ein Unterricht auf wache, fragende Menschen hin gelingen, wenn die legitime Not des verantwortlichen Sprechen-Müssens sich in prinzipielle Angst vor Übersetzung verfestigte?

---

[18] Als Beispiel für eine besonders geglückte Kurzform: *W. Kasper:* Christentum. In: Die fünf großen Weltreligionen, hrsg. v. *E. Brunner-Traut* (Herder-Bücherei 488), Freiburg-Basel-Wien 1974, 109–126.

Das Verhältnis von *Wahrheit und Geschichte* hätte hier gründlich erörtert werden müssen – es gelang in dieser Studieneinheit nur das Erfassen der Bedeutung der Problematik als solcher.
Einige Sätze aus dem Schlußbericht Kardinal Döpfners vom 22. November 1975, die uns leider noch nicht vorlagen, spiegeln wider, wie analog die hier angesprochene Spannung auch von den Synodalen erfahren wurde[19]:
„Es scheint mir zunächst eine Grundcharakteristik unserer Synode gewesen zu sein, daß sie sich mutig der Spannung stellte, die immer besteht zwischen kirchlicher Tradition und aktueller Situation. Die Nöte der Gegenwart fordern ja jeweils neu die großen Überlieferungen der Kirche heraus. Vor allem die Theologie wurde dadurch auf den Plan gerufen ... Aber wir haben auch erfahren, daß wir uns zur Wahrung der „Substanz“ des christlichen Glaubens den Tendenzen unserer Zeit nicht ausliefern dürfen ... So gehören geistliche Erfahrung und Weltzuwendung in einer eigenen Zuwendung zusammen. Je radikaler der Christ in der Tiefe des Glaubens verwurzelt ist, umso eher darf er sich trauen, sich vorbehaltlos und offen den Fragen und Nöten der Zeit zu stellen ...“

c. Nach dem Aufweis der „theoretischen Nöte“ darf mit Nachdruck herausgestellt werden, daß es wohl allen Teilnehmern im wesentlichen *auch* um sehr persönliche Fragen ging. Selbst wenn Sprach- und Kriterien-Problematik in den Gesprächen und Definitionsbemühungen zunehmend bewußter wurde, das Interesse im Vollsinn galt der Kreuzestheologie/Christologie. Ständig durchbrachen sehr engagierte, existentielle Fragen gerade vollzogene theologische Begriffssicherungen aus der frühen, mittelalterlichen, neueren Dogmatik: Die *totale Un-Begreiflichkeit* eines „Heilsgeschehens“, das „Heil“ nur zu diesem schrecklichen Preis verkündet, das Skandalon einer Welt-Konstitution, die dieses Geschehen am Kreuz (mit-)provoziert: Im Bannkreis dieser Grunderfahrung des vor dem konkreten Kreuz stehenden

[19] Synode 8/75/91 ff.

Menschen gerieten sogar theologisch „korrekte“ Antworten in die Nähe der Blasphemie. Warum verlangt die Realität dieser so verfaßten Welt nach dem Sterben des Sohnes Gottes? In allen Formen zog immer wieder die uralte Hiob-Frage in unsere Bemühungen ein – zumal manche Form des Kreuzes-Kultes als Leidensapotheose den genauso uralten Protest des um die Legitimität seiner Glückserfahrung kämpfenden „humanen“ Menschen provoziert. Zwar verfielen generell alle Versuche, Leid „aufzuheben“, schon im Ansatz – aber auch die Gegenposition wurde bezogen: Ist die Kreuzes-Aussage der Christen *so* reflektiert, daß sie das ihr innewohnende nicht nur intellektuelle Ärgernis für moderne Sisyphos-Haltungen wahrnimmt? [20] „Die kleinste Spur sinnlosen Leidens in der erfahrbaren Welt straft die gesamte affirmative Ontologie und die gesamte Teleologie Lügen ...“[21].

Die prinzipielle Auflehnung gegen das Leiden von Unmündigen und Wehrlosen sieht sehr schnell in jeder Art „Leid-Theologie“ eine derartige, verhaßte Form des Affirmativen (s. 1,4). So wurde in der gemeinsamen Bemühung um glaubwürdige Rechtfertigung des Kreuzes-„Heils“ und in der eher meditierenden Erfahrung der armseligen Jesus-Gestalt die Grenze theologischer Argumentation mit ihren traditionellen Elementen wissenschaftlicher Logik offenkundig. Wenn Menschheitsgeschichte gerade in der Leiderfahrung ihre Identität gewinnt[22], bleiben der menschlichen Vernunft Aporien zugemutet, die aus sich selbst den gesamten theologischen Sprachansatz ständig revolutionieren. Um der unübertragbaren Erfahrungen willen wird der Theologe in einer Zeit der Totalrationalisierungsversuche in gängigen, modischen Sprachtheorien Anwalt der tiefen, *personalen* Mög-

---

[20] *A. Camus:* Der Mythos von Sisyphos. Ein Versuch über das Absurde, Düsseldorf 1959, 50: „Diese Auflehnung gibt dem Leben seinen Wert ... Bewußtsein und Auflehnung ... es geht darum, unversöhnt und nicht aus freiem Willen zu sterben ... Der absurde Mensch kann nur alles ausschöpfen und sich selber erschöpfen ...“

[21] *J. B. Metz:* Zukunft aus dem Gedächtnis des Leidens. In: Concilium, 8. Jg., 399–407. Hier 403: Metz referiert inhaltlich einen Vorwurf Adornos.

[22] Vergl. *Metz* a.a.O., 405.

lichkeiten, d. h. auch des Geheimnis- und Bild-Bezuges der Sprache sein (müssen) – im vollen Bewußtsein des ihn hermetisch umschließenden Sinnlosigkeitsverdachtes. Er weiß, daß er Rechenschaft schuldet. Die Urgemeinde suchte Kraft zu diesem auch ihr abverlangten Zeugnis in ihrer Feier der Liturgie als ursprünglichster Theologie[23].

---

[23] *W. Kasper:* Geschichtlichkeit der Dogmen? In: Stimmen der Zeit, 92. Jg., S. 401 ff.
S. 407: „Die frühesten Dogmen wurden weitgehend als Doxologien, als bekenntnishafte Lobpreisung Gottes, als dankende Antwort des Glaubens auf das Wort des Evangeliums verstanden. Deshalb haben die frühesten Glaubensbekenntnisse liturgische Dignität erhalten. Sie sind bis heute ein Stück Eucharistie, Danksagung geblieben . . . das Dogma ist gedachte Liturgie, die Liturgie gebetetes Dogma."